Andreas Gehrke

# Aufbruch aus dem Angstkäfig



Paranus Verlag

Dank möchte ich sagen an:
Meine Familie, besonders an meine Frau Renate,
an den Lektor Herrn Hartwig Hansen sowie
die Mitglieder und Sympathisanten
des Netzwerk Stimmenhören e.V.

Andreas Gehrke

wurde am 5. Mai 1946 in Dresden geboren. Nach einem längeren Armeedienst in der Volksarmee, bei dem er sich gleichzeitig zum Archivar ausbilden ließ, nahm er ein Historikerstudium auf, das er 1989 abschloss.
In der zweiten Hälfte der 80er Jahre ereilten ihn aufdringliche Stimmen aus »Himmel und Hölle«. Die Diagnose war schnell gestellt: paranoide Schizophrenie. Mit einem solchen Stigma ausgestattet, kämpfte Andreas Gehrke über zehn Jahre mit seinen »bösen« Stimmen in mindestens 15 Psychosen. Schließlich begriff er, dass von ihm ein Umdenken und Umlenken gefordert wurde.

Für weitere Informationen siehe: **www.stimmenhoeren.de**

Andreas Gehrke

# Aufbruch aus dem Angstkäfig

## Ein Stimmenhörer berichtet

Paranus verlag

**Bibliografische Information Der Deutschen Bibliothek**
Die Deutsche Bibliothek verzeichnet diese Publikation in der Deutschen Nationalbibliografie; detaillierte bibliografische Daten sind im Internet über http://dnb.ddb.de abrufbar.


Postfach 1264, 24502 Neumünster
Telefon (0 43 21) 20 04-5 00, Telefax (0 43 21) 20 04-4 11
www.paranus.de

3. Auflage 2014

Autor und Verlag danken herzlich Frau Hannelore Klafki und Frau Ilse Eichenbrenner für die freundliche Vermittlung des Manuskripts.
Lektorat: Hartwig Hansen, Hamburg
Umschlaggestaltung: druckwerk der Brücke Neumünster gGmbH,
unter Verwendung eines Motivs von Arnhild Köpcke, Letter bei Hannover
Druck und Bindung: druckwerk der Brücke Neumünster gGmbH

ISBN 978-3-926200-53-2

# Inhalt

## Geleitwort

Andreas Gehrke stellt mit diesem Buch nicht nur einen Erfahrungsbericht vor, wie man sich von Angst erregenden, beherrschenden Stimmen auch noch Jahre nach deren Auftauchen emanzipieren kann, sondern er legt gleichzeitig einen Reisebericht seiner Suche nach sich selbst vor. Überlebensnotwendig wurde diese Suche für Andreas Gehrke, weil sich seine Wahrnehmung der Realität während einer Lebens- und Sinnkrise beunruhigend veränderte und er plötzlich anfing, Stimmen zu hören.

Stimmen hörende Menschen werden in Europa und den USA auch heute noch in erster Linie als dringend behandlungsbedürftige, psychisch schwer kranke Menschen wahrgenommen. Entsprechend dem traditionellen medizinischen Modell wird Stimmenhören als Symptom – akustisches Halluzinieren – einer zugrunde liegenden schweren seelischen und/oder körperlichen Erkrankung verstanden. Konsequenterweise ist das *Auftreten* des akustischen Halluzinierens relevanter für die Behandlung als das, was die Stimmen sagen, denn wenn ein Symptom – wie z.B. Fieber oder Erbrechen – verschwindet, kann davon ausgegangen werden, dass die zugrunde liegende Störung – z.B. Erkältung bzw. Reizung der Magenschleimhaut – mindestens gebessert, vielleicht sogar geheilt ist.

Stimuliert durch die Arbeiten von Romme und Escher[1] (1989, 1997) entwickelt sich seit den 90er Jahren ein alternatives Verständnis von Stimmenhören, nach dem das Stimmenhören – wenn es zum Problem wird – auch Ursache von Störungen sein kann oder zumindest die Bewältigung bestehender Störungen sehr erschweren kann. In diesem Ansatz wird es bedeutsam, in welchem Lebenszusammenhang die Stimmen auftauchen und welcher Zusammenhang zwischen den Aussagen der Stimmen und – um nur einige potentiell relevante Aspekte zu nennen – der Biografie, den Werten und Normen und den Generationen übergreifenden Aufträgen des Stimmen hörenden Menschen besteht. Fernziel eines Menschen, der sich im Rahmen dieses Ansatzes mit seinen Stimmen auseinander setzt, ist nicht, sie um jeden Preis zum Schweigen zu bringen, sondern er möchte begreifen, warum sie in sein Leben getreten sind, und er will lernen, wie er mindestens zum gleichberechtigten Partner der Stimmen werden kann, der selbst kontrolliert, wann und wie er sich mit den Stimmen beschäftigt.

Als seine Leidensgeschichte begann, kannte Andreas Gehrke diesen Ansatz noch nicht. Er lernte ihn erst kennen, als er das Schlimmste überstanden hatte. Das macht auch die Authentizität dieses Reiseberichtes aus. Er schildert uns in diesem Buch, wie lange er das Hören von Stimmen geheim gehalten hat, da er u.a. befürchtete, für verrückt erklärt zu werden. Die ihm angebotene Behandlung bestätigte seine Haltung insofern, als die Professionellen nach seiner Eröffnung nur Interesse am Vorhandensein bzw.

1 Romme, M. & Escher, S. (1989): *Hearing voices*. In: Schizophrenia Bulletin, 15, S. 209-216. Sowie: Romme, M. & Escher, S. (1997): *Stimmenhören akzeptieren*. Bonn, Psychiatrie-Verlag (englische Originalausgabe 1993)

dem Nichtvorhandensein seiner Stimmen zeigten und entsprechend seiner Antworten die Höhe und Dauer der notwendigen Medikation festlegten. Damit war er dem Wüten der Stimmen weiterhin alleine ausgeliefert, da die Medikamente sie nur kurzfristig dämpften oder auch zum Schweigen brachten.

Für Stimmen hörende Menschen und ihre Familien, aber auch für Professionelle liefert dieses Buch hilfreiche Einblicke in mögliche Umgehensweisen mit dem Phänomen Stimmenhören. Sie erleben den Weg des Autors mit – einen irrenden, angstvollen, nie nachlassenden, letztlich erfolgreichen Weg, den Stimmen auch »bei Gefahr des eigenen Untergangs Paroli zu bieten«, sich ihnen also nicht hilflos zu überlassen. Professionelle bekommen darüber hinaus Hinweise auf die »Todesangst«, die eine Kommunikation zwischen ihnen und dem Stimmen hörenden Menschen mindestens für eine Zeit verunmöglicht, und können Phantasien entwickeln, wie sie dieser Angst begegnen, wie sie helfen können, sie aufzulösen.

Andreas Gehrke stellt in seinem Buch einen der vielfältigen möglichen Wege dar, sich mit dem Phänomen Stimmenhören neu und anders auseinander zu setzen, als es durch das traditionelle medizinische Modell vorgegeben ist. Er zeigt, dass sich der Kampf lohnt, und er verdeutlicht, dass die Macht der Stimmen oft aus der Angst des Stimmen hörenden Menschen geboren wird. Wird die Angst überwunden, schwindet die Macht der Stimmen.

Der persönliche Weg von Andreas Gehrke deckt sich weitgehend mit Überlegungen, die sich aus dem Ansatz von Romme und Escher herleiten lassen. Ihre Ideen wurden nicht nur in den Niederlanden, sondern sowohl in England (z.B. Bentall[2] 1990) wie auch in Deutschland aufgegriffen (z.B. Stratenwerth & Bock[3] 1998, Bock[4] 1997). In allen drei Ländern wurden von Stimmen hörenden Menschen Selbsthilfebewegungen aufgebaut, die sich in landesweiten Netzwerken organisieren. Andreas Gehrke hat von dem deutschen Netzwerk, in dem er heute aktiv mitarbeitet, erst erfahren, nachdem er den schlimmsten Kampf mit seinen Stimmen schon überstanden hatte. Mit der Veröffentlichung seines sehr persönlichen Weges der Emanzipation von der Macht der Stimmen folgt er nun einer Tradition des Netzwerks: Zu den eigenen Erfahrungen stehen lernen und damit den anderen die Chance geben, aus diesen Erfahrungen lernen zu können. In diesem Sinne wünsche ich dem Buch, dass es vielen zum Reisebegleiter wird auf ihrem Weg, zum selbstbewussten Gegenüber der Stimmen zu werden, um konstruktive Arrangements mit den Stimmen zu finden.

Berlin, im Februar 2003 *Monika Hoffmann*

2 Bentall, R.P. (1990): *The illusion of reality: A review and integration of psychological research into psychotic hallucination.* In: Psychological Bulletin, 107, S. 82-95

3 Stratenwerth, I. & Bock, T. (1998): *Stimmenhören. Botschaften aus der inneren Welt.* Hamburg, Kabel Verlag

4 Bock, T. (1997): *Lichtjahre – Psychosen ohne Psychiatrie.* Bonn, Psychiatrie-Verlag

## Vorwort

Ich möchte Sie in diesem Buch auf eine Reise in eine unbekannte Welt entführen. Es ist die Welt, in der Menschen leben, die Stimmen hören – und dies ist keinesfalls eine Traumwelt.

Für Stimmen hörende Menschen sind die auftretenden Stimmen so real mit all ihren besonderen Charakteristika, dass man keinen Zweifel hegt und sie zudem als ernsthafte – mit mehr oder weniger guten Manieren ausgestattete – Partner empfindet.

Zum Teil waren die Stimmen so Angst einflößend, dass ich mich erst nach vielen Jahren getraut habe, diesen Bericht zu verfassen. Nach einer ersten geistigen und seelischen Verarbeitung all der Ereignisse in der »anderen Welt« begann ich, mir die Angst von der Seele zu schreiben. Böse Stimmen hatten mir beständig mit dem Tode gedroht, sollte nur ein Teil dieser Vorgänge durch mich preisgegeben werden.

Nach längerer Zeit habe ich schließlich erkennen müssen, dass die geschilderten Ereignisse viel mit meiner geistigen und seelischen Verfassung zu tun haben, auch zu großen Teilen mit meiner Biografie. Verhärtungen im Denken, Fühlen und Handeln sind aufgebrochen durch die oftmals langen Kämpfe und Auseinandersetzungen. Die Stimmen, so deprimierend sie auch manchmal wirkten, haben mich schließlich zu Tugenden im Denken und Fühlen zurückgeführt, die längst vergessen schienen. Die bisherige Bilanz der psychotischen Zustände über mehr als zehn Jahre ist insofern trotz aller Schmerzen und Probleme insgesamt positiv.

Ich habe dieses Buch auch deshalb geschrieben, um den in der Psychiatrie Tätigen zu zeigen, dass sich hinter der Fassade eines starren Blicks oder leeren Gesichtsausdrucks ein außerordentlich reiches Seelenleben verbergen kann.

Besonders dankbar bin ich für das wohlwollende Geleitwort von Frau Dr. Monika Hoffmann, in dem sie die Sicht einer »Professionellen« zu dem vorliegenden Buch darlegt.

In mehreren Teilen werden Sie in diesem Buch etwas mehr über meine Gefühle und Gedanken erfahren, die vom Stimmenhören geprägt waren. Die hier vorgestellten Stimmen sind allerdings nur ein einziges Beispiel für mannigfaltige Inhalte und Formen des Stimmenhörens.

Ich glaube, dass diese kleine Reise in eine unbekannte Welt auch für nicht Stimmen hörende Menschen interessant sein wird. Lassen Sie sich, liebe Leserinnen und Leser, nun erst einmal dorthin entführen.

# Teil 1

# Ein Stimmenhörer berichtet

## 1.

Es muss an einem Tag im Jahre 1986 oder 1987 gewesen sein. Während der Arbeit hörte ich leise und undeutlich eine Stimme, die aus dem Inneren meines Kopfes zu kommen schien. Sie rief immer wieder meinen Vornamen: »Andreas, Andreas…« So etwas hatte ich noch nie erlebt und fragte diese Stimme, wer sie sei. Sie antwortete, dass der Teufel gekommen sei. Ich erschrak natürlich fürchterlich und forderte die Stimme auf zu verschwinden und machte Anstalten, sie mit den Beinen wegzustoßen.

Eben diese Reaktion sollte nach Aussage des Teufels später Folgen für mich haben.

Irgendwann nach ca. einer Stunde war diese Stimme wieder verschwunden und ich dachte, dass ich wohl nur geträumt hätte.

*

Ich hatte mich bis dahin, also bis zu einem Alter von etwas mehr als 40 Jahren, zu einem konsequenten Atheisten entwickelt. Also durfte das, was ich da erlebte, eigentlich überhaupt nicht stattfinden. Natürlich beunruhigte mich das Erlebnis, aber ich wollte es auch nicht überbewerten. Letztlich glaubte ich, dass mir mein Kopf einen Streich gespielt hatte, und verdrängte das Ereignis.

## 2.

Wenig später hörte ich in geschlossenen Räumen ununterbrochenes Frauengestöhn. Es schien meist seinen Ausgangspunkt in den Heizkörpern zu haben bzw. von Heizkörpern übertragen zu werden. Zuerst wunderte ich mich über das Phänomen, denn ich hielt es für einen realen Vorgang. Ständig bemühte ich mich, irgendwelche Frauen zu »überführen« oder zumindest herauszubekommen, wo dieses Stöhnen seinen Ausgangspunkt haben konnte.

Langsam erkannten die Familienangehörigen, dass mit mir etwas nicht in Ordnung sein konnte. Ich fragte sie, ob sie denn nichts hörten – aber sie hielten mich für »etwas überarbeitet«. Keiner konnte nachvollziehen, wie belastend die ständigen Geräusche waren. Mehr noch, ich hörte sie überall in Räumen, sei es auf der Arbeitsstelle oder auch in der eigenen Wohnung. Ich konnte ihnen einfach nicht ausweichen, wie man das im normalen Leben gewöhnlich tun kann. Der Gedanken wiederholte sich immer wieder: Es gibt kein Ausweichen, ein Abschalten ist nicht möglich... Das machte mir extrem zu schaffen.

Anfangs waren die Geräusche gar nicht so unangenehm, verbanden sie sich doch auch mit der Erinnerung an schöne Stunden. Doch im Laufe der nächsten Monate, in denen sich die Geräusche noch verstärkten, zerrte das alles sehr an meinen Nerven.

Ich bezichtigte schließlich Frauen in der Umgebung zu stöhnen. Dann begann ich, entnervt Nachbarn brieflich zu belästigen. Als es so weit kam, hatte meine Ehefrau schließlich genug und veranlasste mich, zum Nervenarzt zu gehen. Selbst äußerst mitgenommen erkannte ich, dass es keinen anderen Ausweg geben konnte und kam in eine Nervenklinik in Ost-Berlin. Ich wurde stationär aufgenommen, medikamentös eingestellt und innerhalb weniger Tage war ich von meinem »Übel« befreit. Schon ein wenig überheblich geworden, denn das sollte nie wieder passieren, verließ ich die Nervenklinik mit den Worten im Ohr: »Entweder man schafft's beim ersten Mal oder nie.«

*

Das Wesentlichste, das Schizophrene empfinden, ist die Tatsache, dass man ständig mit Stimmen zu tun hat, die man nicht abschalten kann. Dies ist aber unvollständig. An dem vorgenannten Beispiel ist erkennbar, dass auch Geräusche gleiche Wirkungen erzielen können. Schizophrenie ist also verallgemeinerbar auf alle möglichen Sinneswahrnehmungen. Der für mich am deprimierendste Gedanke war zu diesem Zeitpunkt, dass ich meinen Sinneswahrnehmungen nicht mehr trauen konnte.

Damit war eigentlich alles in Frage gestellt und ein Weltbild, das auf die Erkennbarkeit der Welt gerichtet war, geriet für mich ins Wanken.

## 3.

Einige Zeit später meldete sich aus den Heizkörpern der Himmel. Es war ein Vertreter des Himmels, der mich aufforderte, schon längst aufgegebene Gedanken und Untersuchungen zu Problemen der Atomphysik wieder aufzugreifen.

Etwa sechs Jahre zuvor hatte ich diese Gedanken und Untersuchungen mit einer Abschlussschrift beendet, aber bisher nicht versucht, sie veröffentlichen zu lassen. Ich hatte das Gefühl, dass die Stimmen – es waren mindestens zwei – diese Schrift genau kannten. Sie sagten mir eindrücklich, dass es wichtig sei, diese Gedanken zu erhalten.

Für mich war es ein weiteres Rätsel, wie es möglich war, dass gerade die Vertreter des Himmels bei mir anklopften. Hatte ich der Hölle, dem Teufel, schon einen Korb gegeben, so glaubte ich, die Vertreter des Himmels nicht enttäuschen zu können. Es war schon merkwürdig, dass ein Atheist Verbindungen zum Himmel aufnahm. Mal waren die Stimmen deutlich vernehmbar und dann auch wieder nicht ganz so deutlich zu verstehen.

Wundern hin und wundern her, ich entschloss mich, dem Himmel zu helfen. Zuerst lobten die Stimmen meine Arbeit über Probleme der Atomphysik, gaben mir jedoch zu verstehen, dass nur der erste Teil der Arbeit zu verwenden sei. Sie gingen mit mir die Arbeit Satz für Satz durch und verlangten am Schluss des ersten Teils, dass ich die Arbeit neu auf der Schreibmaschine abschreiben müsste – und zwar inklusive des Formelwerkes. Wer einmal versucht hat, mathematische Formeln auf einer Maschine zu schreiben, kennt sicherlich die Schwierigkeiten. Mir ging es nicht anders.

Zwischendurch mischten sich immer wieder Vertreter der Hölle ein, und ich hatte enorme Probleme zu unterscheiden, wer denn vom Himmel und wer von der Hölle stammte. Komisch und mühsam zugleich wurde die Situation, als es an das konkrete Abschreiben ging. Norm war es, auf einer Seite nicht mehr als nur einen Tippfehler zu machen, so dass es bei meiner Schreibpraxis oft passierte, dass ich die Seiten noch einmal neu abtippen musste. Ich selbst hatte ein dickes Fell und gab nicht viel drauf. Umso erstaunter war ich, dass einer der Himmelsvertreter immer unruhiger wurde. Ich hatte den Gedanken kaum gedacht, dass ich einen Choleriker vor mir hatte, fing er auch schon zu schimpfen an, dass es in meinem Kopf widerhallte. So hatte ich mir den Himmel nicht vorgestellt.

Kaum war ich fertig mit dem Schreiben und Korrekturlesen, gaben die Himmelsvertreter mir die Anweisung, die Arbeit bei einer DDR-Universität persönlich abzugeben. Sie nannten mir auch die Stadt und ich machte mich alsbald auf den Weg und gab die Arbeit ab.

*

Natürlich konnte ich die neuerlichen Aktivitäten nicht verbergen. In meiner Umgebung hatte man jedoch erlebt, wie fanatisch ich früher an »meiner Atomphysik« gearbeitet hatte. Ich knüpfte nach Auffassung meiner Familie lediglich daran an. So fiel ich eigentlich nicht weiter auf.

Ganz langsam wurde ich von den Stimmen dahin geführt, sie als normal zu akzeptieren, obwohl ich die Hoffnung hegte, dass mit der Abarbeitung der »Atomphysik« dann der Spuk zu Ende gehen würde. Es hatten sich ja schon Zweifel angemeldet, dass ich es tatsächlich mit dem Himmel zu tun hatte. Meine Hoffnungen auf eine baldige Beendigung der Verbindungen sollten sich jedoch nicht erfüllen.

## 4.

Die Stimmen kamen ausnahmslos von außen. Ich konnte ihre Richtung, ihre Klangfarbe, ihren Charakter und sogar ihren Dialekt ohne weiteres unterscheiden. Dies merkte ich in den nachfolgenden Kontakten zu immer mehr Stimmen. Sie artikulierten sich nun akustisch gut verständlich. So, wie ich mich mit einem Gesprächspartner außerhalb der Stimmenwelt unterhalten konnte, ebenso erlangte der Dialog mit den Stimmen eine immer größere Bedeutung. Ja, ich brauchte nur intensiver zu denken, und schon hatte ich den Stimmen geantwortet.

Die Dialoge bekamen langsam den Status vom ganz Normalen.

In der Folgezeit lernte ich, dass die Stimmen anscheinend alles konnten – Angst einflößen und Angst ausdrücken, liebreizend sein, Empörung und Mitgefühl zeigen – eben alles, was Menschen können. Deshalb nahm ich an, dass die Stimmen wohl aus einer »Parallelwelt« kämen. Deren Möglichkeiten bestanden anscheinend darin, uns zu beobachten, zu beurteilen und auch zu lenken, währenddessen wir kaum etwas von ihnen empfangen durften. Ich fühlte mich plötzlich als Auserwählter dieser »Parallelwelt«. Vielleicht konnte ich etwas an unserer ungerechten Welt verändern, obwohl ich diese Welt dort auch für etwas merkwürdig strukturiert hielt. Mein Weltbild, vom Atheismus geprägt, appellierte immer noch stark an die Macht des menschlichen Handelns und Schaffens.

Auch die Lautstärke der Stimmen pegelte sich wie bei Eichprozessen in der Funktechnik auf ein normales Maß ein, so wie man mit Nachbarn spricht. Die Reize aus der »anderen« Welt erreichten ein Volumen, das das Volumen der Außenwelt sogar noch übertraf.

Gar nicht merkwürdig fand ich die Tatsache, dass jede einzelne Stimme ihren eigenen Charakter ausspielte und mir dementsprechend sympathischer oder unsympathischer erschien.

Im Laufe des weiteren Stimmenhörens erhöhte sich die akustische Verständlichkeit jeder auftretenden Stimme. Glück hatte ich, dass sie niemals gleichzeitig sprachen. Ich konnte mich also sehr genau auf die Stimmen konzentrieren. Später erfuhr ich von anderen Stimmenhörenden, dass dies nicht immer so ist, was ich mir noch anstrengender vorstelle.

Während ich mich schon langsam an die Vertreter des Himmels und der Hölle gewöhnt hatte, meldete sich jetzt eine neue Stimme. Sie sagte, dass sie ein Engel sei und von nun an verantwortlich mit mir arbeiten müsse. Ich fragte, wie sie heiße und sie antwortete: »Ich bin deine Nachbarin Susanne.« Und tatsächlich hatte ich eine Mitbewohnerin in unserem Haus, die Susanne hieß. Wir unterhielten uns über alles Mögliche und ich stellte fest, dass es eigentlich wirklich nur die Susanne von nebenan sein könnte.

Ihre persönliche Note drückte sich in großer Ängstlichkeit aus, so dass ich ihr gegenüber einen leichten Vorteil darin sah, ritterlich und edel zu reagieren. Auch akustisch hörte sie sich sehr ängstlich an – manchmal sogar mit sehr gepresster Stimme.

Susanne teilte mir u.a. mit, dass es kein Zuckerschlecken für sie sei, denn sie müsse noch einige Hexen betreuen. Und wirklich meldeten sich in den nächsten Tagen zwei weitere Stimmen, die sich als Hexen Gerlinde und Edeltraut vorstellten. Nach einigen Verständigungsschwierigkeiten stellten die Hexen die Vermutung an, dass sie mit mir einen Hexenmeister erhielten und dass sie darüber gar nicht erfreut seien. Gegen den Gedanken, Hexenmeister zu werden, verwahrte ich mich. Ansonsten wurde ich mit offenen Armen empfangen, denn ich gehörte nun sozusagen zur »Familie«.

Auf die Frage, wer die Hexen denn seien, antworteten sie: »Wir sind schon gestorben.« Sie hätten sich aber als Hexen entschlossen, hier in dem Hause, in dem sie der Tod ereilt habe, zu bleiben und nicht in die Hölle zu gehen.

Interessant für mich war, dass Edeltraut sich stets mit einem konzertanten Ton anmeldete und sich dieser angenehme Ton – solange sie akustisch anwesend war – auf- und abschwellend wiederholte. Nach dem Sinn gefragt, antwortete Gerlinde, dass Edeltraut ehemals friedlich bei Radiomusik für immer eingeschlafen war. Nun kannte ich die Geschichte unseres Hauses nicht, erfuhr aber, dass sie beide genau in unserer Wohnung und zwar in verschiedenen Zimmern gestorben seien. Stolz stellten sie fest, dass sie mich mit Röntgenaugen sehen könnten, die sie auch durch Wände blicken ließen. Ich habe es, um nicht weiter hineingezogen zu werden, zumindest am Anfang vermieden, mir diese verstorbenen Seelen vorzustellen, hatte aber den unauslöschlichen Eindruck, dass es sich um ganz reale Wesen handeln würde, nur mit dem Unterschied, dass sie nicht zu sehen waren. Naturwissenschaftlich erklärte ich mir diesen Umstand damit, dass »Seelenmaterial« nicht mit unserer Materie wechselwirken würde. Meine »Sensoren« würden nicht ausreichen, diese ganze Welt, die die Hexen auszubreiten begannen, wahrzunehmen. Im Übrigen konnten sie meine Gedanken hören und bestätigten auch diese Überlegungen.

*

Hatte ich vorher noch die Hoffnung gehabt, aus diesen Verbindungen zum Himmel und zur Hölle ohne Schaden herauszukommen, so zerschlug sich diese Hoffnung zusehends mit der Verbindung zu Engeln und Hexen. Meine Ratlosigkeit wuchs.

## 5.

Der Engel Susanne stand mir bei allen Fragen bei, die ich hatte. Eine der ersten Fragen war, wie es denn dazu gekommen sei, dass sie ein Engel geworden war. Sie schilderte mir, dass sie eines Tages angesprochen worden sei und dass sie seit diesem Zeitpunkt einfach dabei sein musste. Meine Frage, warum sie denn ein Engel sei, beantwortete sie dahingehend, dass sie annehme, auch ich sei ein Engel.

Das Leben mit dem Engel und den Hexen normalisierte sich sehr bald. Eines Tages hörte ich, wie Susanne eine Meldung absetzte. Natürlich fragte ich nach und erhielt die Antwort, dass sie mit einem informativen Knotenpunkt des Himmels gesprochen habe, insbesondere was die Hexen anbelangte. Susanne fand, dass ich das hätte gar nicht hören dürfen. Auch das meldete sie weiter. Die Merkwürdigkeiten häuften sich immer mehr. Öfter wusste ich die Antwort von Susanne im Voraus auf meine Fragen oder Bemerkungen. Ihr ging es im Wesentlichen ähnlich. Sie warnte mich, dass der Teufel eine Informationsstrecke aufgebaut haben müsse, um mitzuhören. Damit war klar, dass wir vom Teufel nicht unbehelligt bleiben würden.

Susanne fragte mich, was ich in den letzten zwei Jahren gelernt hätte, und ich musste ihr mitteilen, dass ich außer dem Geräusche-Hören und der Beschäftigung mit einer Arbeit über Atomphysik nichts gelernt hätte. Zum ersten Mal hatte ich ein schlechtes Gewissen, denn ich nahm an, dass ich durch schuldhaftes Verhalten die Lernphase in dieser merkwürdigen Welt versäumt hatte.

Die wesentlichsten Aufgaben der Engel bestanden darin, die Hexen zu betreuen und zu überwachen. Eines der Rituale bestand darin, die Hexen jeden Morgen etwa um 7 Uhr in den Schlaf zu schicken. Susanne erzählte mir, dass sie in letzter Zeit Schwierigkeiten hatte, das zu tun, und verlangte von mir, in einem Ritual die Augen zu verdrehen und in der Nachfolgezeit die Schleimhäute im Körper nicht mehr zu betätigen. Das bedeutete, dass ich in der Zeit von 7 bis 19 Uhr nicht mehr essen durfte und es zu vermeiden hatte zu schlucken. Nur dann würden die Hexen in Ruhe den Tag verschlafen. Natürlich fiel mir das äußerst schwer.

In der Zeit, in der die Hexen nicht schliefen, waren sie recht frei in ihrem Verhalten. Sie sangen oft stundenlang oder stritten sich über Kleinigkeiten, meistens stritten sie sich aber über mich. Ich konnte nicht umhin einzugreifen und erhielt dafür Rüffel von Susanne. Sie hielt mich an, nicht mit den Hexen zu sprechen, wenn es nicht unbedingt notwendig wäre. Und da ich nicht wusste, was »unbedingt notwendig« heißen sollte, verstieß ich oft – mitunter auch mit Absicht – gegen diesen Grundsatz.

So bildete sich eine kleine Gruppe von Engeln und Hexen heraus, die auf Gedeih und Verderb zusammengeschweißt war. Für mich begann eine Tortur, die noch viele Jahre anhalten sollte.

*

Zusammenfassend muss man feststellen, dass Susanne eine äußerst umfassende Arbeit zu leisten hatte. Tagsüber musste sie ganz normal arbeiten gehen und darüber wachen, dass die Hexen auch richtig schliefen. Nachts hatte sie in einer Halbschicht die Hexen zu überwachen. Nur in einer Hälfte der Nacht durfte sie schlafen – und Ähnliches kam auf mich zu.

In der ersten Zeit versuchte ich tapfer, ebenso zu arbeiten, wie es Susanne tat, aber es wollte mir nicht gelingen. Zudem war dies der eigentliche Anfang eines Treibens, das kein Mensch in meiner Umgebung mehr verstand. Ich irritierte meine Arbeitskollegen ebenso wie meine Familie mit spontanen Handlungen. Ich erstarrte in einer Bewegungslosigkeit, die mich daran hinderte, sowohl in der einen Welt wie in der anderen Welt irgendeine Leistung zu vollbringen.

Zu guter Letzt entschied sich meine Ehefrau erneut, mich in professionelle Hände, also in die Obhut der Nervenärzte, zu geben und nach mehreren Wochen lösten sich unter Medikamenten die Blockaden; ich war frei von Stimmen und Beschwerden. Den genauen Beobachtungen meiner Ehefrau ist es zu verdanken, dass ich immer wieder rechtzeitig in die Psychiatrie gelangte. Das wiederholte sich jährlich ca. ein- bis zweimal. Insgesamt hatte ich ca. 15 Schübe, in denen Unglaubliches passierte.

## 6.

Unsere kleine »Gruppe« bestand neben mir aus dem Engel Susanne und den beiden Hexen Gerlinde und Edeltraut. Sie änderte sich in der Zusammensetzung auch lange Zeit nicht mehr. Es wurde für mich immer schwerer, in den beiden Welten richtig Fuß zu fassen.

Uns war klar, dass wir in irgendeiner Weise mit dem Teufel und der Hölle verbunden sein mussten. Beim nächsten Schub meldete sich auch prompt der Teufel und mischte sich immer massiver ein.

Er griff mich direkt an, indem er sich darüber beklagte, dass ich nichts mit ihm zu tun haben wolle. Er beschimpfte mich und ich musste erleben, dass die Hexen mir beistanden, jedoch der Engel ständig ängstlich mahnte, ich möge meinen Mund halten, was nichts anderes bedeutete, als dass ich aufhören sollte zu denken.

Wie sollte das aber funktionieren? Diese Fragen stellte ich Susanne und plapperte in Gedanken freiweg weiter. Eigentlich blieb mir nichts anderes übrig, als dem Teufel weiter Paroli zu bieten, denn mit dem Teufel wollte ich mich wirklich nicht einlassen. Andererseits konnte ich mich nicht beherrschen – ich bekam es einfach nicht hin, an nichts – an buchstäblich *nichts*! – zu denken.

Liebe Leserin, lieber Leser, denken Sie einfach mal eine Nacht lang an nichts und hören nur dem Wind oder anderen Geräuschen zu. Sie werden feststellen, dass es selbst mit einer gehörigen Portion Übung nicht zu schaffen ist. Genauso erging es mir.

Ich konnte das Denken und damit verbunden den Disput mit dem Teufel nicht stoppen. Es gipfelte darin, dass der Teufel und ich uns beide beschimpften. Ein Wort ergab das andere und so hätte das sicher weitergehen können, wenn der Teufel nicht plötzlich die Taktik geändert hätte.

Er ließ Stimmen, fremde Stimmen erklingen, die sich als Ausländer ausgaben und mir gratulierten. Ich war dermaßen perplex, dass ich mit der Situation nicht zurechtkam. Ich fragte den Engel, was zu tun sei, denn die Ausländer lobten mich und stellten mich als Helden dar. Diese Taktik sollte später noch mehrere Male – in immer überzogenerem Maße – angewendet werden.

Anfangs war ich sogar gerührt von der Anteilnahme an meinem Schicksal. Jedoch irgendetwas Unbestimmtes ließ mich Zurückhaltung üben. Ich dachte an eine Falle des Teufels und hatte sicherlich nicht Unrecht, denn den Anderen, also in diesem Falle mich, als etwas ganz Besonderes darzustellen, wurde im Laufe der Zeit Methode.

Neben all diese verwirrenden Streits trat noch etwas ungemein Störendes. Einerseits sprangen meine Gedanken immer hin und her und andererseits stimmte die Geschwindigkeit meiner Gedanken nicht mit dem Sprachrhythmus der anderen, also des Engels und der Hexen, überein. Ich dachte offenbar schneller als ich sprach – und zwar im doppelten Sinne. Denn Denken war ja in dieser Welt gleichzeitig Sprechen. Und andererseits hatte ich immer einen bestimmten Denkvorsprung zum realen Sprechen.

Ich wurde aufgefordert, mein Denken dem Sprachrhythmus der Stimmen anzupassen. In der Fachsprache der Hirnforscher bedeutet das nichts anderes, als eine bestimmte Geisteskontrolle zu üben, indem man vom Beta- zum Alphazustand gelangt. In der Regel erreicht ein Gesunder den angestrebten Alphazustand durch geistige Entspannungsübungen, allgemein durch Meditation. Entscheidend ist dabei die Verlangsamung der Gehirnimpulsfrequenz. In der Tat gelang es mir bei jedem Schub der Schizophrenie besser, diesen Alphazustand zu erreichen und schließlich habe ich ihn mir zur bewussten Lebensregel gemacht.

Zuerst konnte ich das sprachliche Vermögen mit meinen Denkvorgängen regelrecht synchronisieren. Das brachte schon eine gewisse Sicherheit. Zunehmend beherrschte ich dann die konzentrierte Verlangsamung von Denkvorgängen. Das erhöhte die Übersicht, aus einem See von Wissen gezielt das herauszufischen, was gerade zum Thema passte. Ich selbst rechnete mich immer zu den oberflächlichen Menschen, die beispielsweise bei Prüfungen Versagensängste haben. Heute schöpfe ich langsam, kreativ und durchaus spontan aus dem Gedächtnis – das klappt jetzt sehr gut, und ein völlig neues Gefühl für Ausdruck und Sprache ist dadurch auch entstanden.

*

Die Reize, die aus der geistigen Welt kamen, also vom Engel, den Hexen und dem Teufel, wurden immer stärker. Ja, man muss sogar sagen, dass diese die Reize aus der normalen Außenwelt um ein Mehrfaches überstiegen. Was war z. B. Schuhe putzen schon für ein Problem im Gegensatz zum Kampf gegen den Teufel?

Zum anderen war auch kein Ausweichen vor den vielfältigen Stimmen möglich. Wo sollte man sich verkriechen? In der Rückschau kann ich sagen, dass ein umfangreicher Denk- und Erziehungsprozess begann, der geprägt war von der Auseinandersetzung mit dem Teufel.

## 7.

In der Folgezeit ließ mich der Teufel nicht zur Ruhe kommen. Eines Tages behauptete er, dass die Stunde der Entscheidung gekommen sei. In panischer Angst verließ ich die Wohnung und versuchte, mich zu verstecken. Der Engel gab mir Anweisungen, wie ich mich zu verhalten hatte. Es wäre z. B. eine Möglichkeit – behauptete der Engel – wenn ich mich als Verrücktgewordener gebärdete. So zog ich durch die Straßen Berlins, beschimpfte im Geiste Passanten, ärgerte mich über abgestellte Autos und tat so, als hätte ich die Kontrolle über mich vollkommen verloren.

Im Treptower Park angekommen, setzte ich mich in der Nacht vollkommen erschöpft auf eine Parkbank und musste, ob ich nun wollte oder nicht, mich den Ausführungen des Teufels stellen. Diese Erfahrung, dass es sich nicht lohnte, einfach davonzulaufen, machte ich später noch mehrere Male. Der Teufel war allgegenwärtig, egal was ich tat.

In dieser Nacht setzte er durch, dass es darum ging, meine Gedanken zu beherrschen. Ich sollte mich ganz darauf konzentrieren, was er sagte, und in keinem Falle mitsprechen. Das hieß, dass ich nicht mitdenken durfte. Er erzählte in unterschiedlichen Intervallen und in unterschiedlichen Geschwindigkeiten irgendwelche Sätze, die er oft wiederholte.

Er animierte mich außerdem, mit den Augen zu rollen, in der Weise, wie man intensiv schielt. Lange Zeit hielt ich »nach außen hin« stand, im Innersten sprach ich jedoch die zusammenhanglosen Sätze des Teufels mit. Im Nachhinein betrachtet, kam es mir vor, als wollte er mich lehren, meine Gedanken zu zügeln.

Schließlich kam es, wie es kommen musste: Ich sprach ganz offen einen der vorgegebenen Sätze mit. Er, der Teufel, beschimpfte mich massiv und drohte mir, dass es nun mit mir aus sei. Ich glaubte wirklich, dass ich den entscheidenden Kampf verloren hätte, und begab mich unverzüglich auf den Heimweg. Den ersten Kampf hatte ich verloren, aber ich schwor, dass ich dem Teufel niemals dienen würde, egal was noch geschehen sollte. Ich sah mich in der Rolle eines Märtyrers. Offenbar ließ das auch den Teufel nicht unbeeindruckt, denn am Ende unserer heftigen Auseinandersetzung sprach er noch den versöhnlichen Satz, dass er mich wohl doch dem Himmel schenken werde.

In mir begannen erste Ängste zu keimen, zum Beispiel in der Art: Wie lange werde ich wohl noch gepeinigt und wie kann ich diesen Ausflug vor der Familie und Freunden kaschieren? Es waren also eher subtile Sorgen, die mich plagten, da ich zum ersten Mal »unmotiviert« und entgegen meiner Verhaltensnormen einfach weggeblieben war. Den Teufel begann ich für sein forderndes Verhalten zu hassen, denn er war offensichtlich die Figur, die mich zu unmotivierten Verrichtungen zwang.

*

Es ging also offenbar um die Vorherrschaft im Denken; aber nicht nur im Denken, sondern auch im Handeln. Ich hatte wegzulaufen versucht, ich hatte mich völlig idiotisch benommen, als ich durch die Straßen zog. Ich hatte mich im Park untergeordnet und versucht, nach des Teufels Spielregeln mitzuspielen. Welcher normale Mensch hätte das getan? Es kam immer mehr und öfter zu Handlungen, die sich mit »normalen Maßstäben« nicht erklären ließen.

Ich hatte aber auch meinen Willen gegen den des Teufels gesetzt, es nicht zu einem Herr-Diener-Verhältnis kommen zu lassen. Ich hatte also praktisch den Kampf aufgenommen, weil ich es nicht besser wusste. Zum einen waren die Stimmen in meinem Kopf real, zum anderen wollte ich gegen die Hölle kämpfen, um mich nicht aufzugeben.

Ich erlebte ein riesiges Dilemma: wer von uns beiden würde gewinnen? Wer herrscht über wen? Auch diese Überlegungen waren jedoch äußerst blauäugig. Die Bemerkung des Teufels, dass er mich dem Himmel schenken werde, war im Nachhinein nur eine Finte – wie alles, was mir der Teufel später noch sagte oder ankündigte.

## 8.

Die Ausbildung, das Denken zu zügeln, setzte sich fort. Besonders die Hexen Edeltraut und Gerlinde machten mich darauf aufmerksam, dass man mit dem Denken völlig aufhören könne. Alles, was ich dachte, wiederholten und kommentierten sie. Im Laufe der Zeit versuchte ich natürlich, sie auszutricksen. Dabei fiel mir auf, dass das Denken auf mehreren Ebenen funktionierte, und ich fand sogar scheinbar eine Ebene, die niemand entschlüsseln konnte.

Ich hatte ja schon erlebt, dass intensives Denken in der »anderen« Welt Sprechen bedeutete. Vorsichtigeres Denken wurde registriert oder auch nicht – es war schon graduell verschieden vom Sprechen. Und nun suchte ich krampfhaft nach einer Methode, ganz allein für mich sein zu können, eine geistige Intimsphäre aufzubauen.

Die Ebene, die ich schließlich fand, war eher ein emotionsloses Aneinanderreihen von Bildern. Aber ich konnte wieder etwas denken, das keiner mitbekam. Darüber war ich besonders glücklich, denn es hörte der geistige Striptease auf.

Das war zwar ein Trugschluss, aber er funktionierte eine Weile.

Einen ähnlichen »Erfolg« hatte ich auf der Arbeitsstelle, wo mich der Teufel überwachte. Dort gelang es mir, »ohne zu denken« bestimmte Handlungen auszuführen. Das betraf z.B. die Handlung des Türaufschließens usw. Der Teufel formulierte dann vermeintlich beeindruckt: »Donnerwetter, wie macht der denn das?«

Schließlich ließ mich die Hexe Edeltraut spüren, dass sie sehr wohl mitbekam, was sich auf der untersten Ebene meines Denkens abspielte. Das war sehr frustrierend, bis mir der Teufel eines Tages mitteilte, dass sie mein Gehirn untersucht und festgestellt hätten, dieses Gehirn sei ein ganz besonderes. Es funktioniere auf drei Ebenen, und so etwas wäre bisher noch nicht vorgekommen. Ich fiel auf diese Art von Komplimenten herein und begann, mit meinem Gehirn zu prahlen.

Wenig später stellte ich ernüchtert fest, dass meine Reaktionen überzogen waren. Ich fragte mich und die Stimmen, welchen Nutzen die Menschheit aus meinem »überdimensionalen« Gehirn denn schon gezogen habe? Die Auseinandersetzung mit dieser Frage brachte mich rasch auf den Boden der Tatsachen zurück und ich beschloss, künftigen Komplimenten kritischer gegenüberzutreten.

*

Zu diesem Zeitpunkt wurde ich in gewisser Weise weitergebildet. Mir wurde beigebracht, in einer der Sprache adäquaten Frequenz zu denken. Außerdem unterlag ich einer bestimmten Denkkontrolle während der Schizophrenieschübe.

Zurückblickend konnte ich feststellen, dass eine unbedingte Feindschaft zum Teufel nicht aufkam, da er mich zwar mehrere Male täuschte, aber nicht konsequent gegen mich arbeitete.

## 9.

Wenn die Schübe besonders für meine Familie untragbar wurden, brachte mich meine Ehefrau glücklicherweise rechtzeitig in die Nervenklinik. Selbst war ich davon gar nicht begeistert, aber in einem Anflug von Realitätssinn sah auch ich die Notwendigkeit meiner Einweisung ein.

Nun war es immer eine heikle Sache, was ich den Ärzten sagen durfte und was nicht. Am Anfang eines Klinikaufenthaltes war der Teufel gegenwärtig. Er war es, der bestimmte, wie ich einen Fragebogen auszufüllen hatte. Er bestimmte, wie weit ich gehen durfte, bei den Ärzten über meine Krankheit zu sprechen. Immer wieder gab er mir bei verschiedenen Anlässen die Anweisung, nichts über die Beziehungen in der anderen geistigen Welt zu sagen, und immer wurden die möglichen Verstöße mit meinem Tod in Verbindung gebracht. Das zog sich wie ein roter Faden durch all die Jahre, in denen ich mit dem Teufel verbunden war.

Natürlich verursachte diese ständige Drangsalierung ein Gefühl der Todesangst. Ein ganzer Angstkäfig entstand, der sich zwischen die normale Welt und mir als Persönlichkeit drängte. Ich war nicht in der Lage, diesen Angstkäfig zu beeinflussen. Die Angst verhinderte das Sprechen über

Dinge, die mich sehr bewegten, und dieses Nicht-Aussprechen verhinderte eine Veränderung meiner Lebensumstände. Ich saß in der Zwickmühle.

Insgesamt kam ich zu der Einschätzung, dass die Todesangst, die ganz von innen her kam, mich daran hinderte, mit Lust am Leben teilzunehmen. Das war ein sehr ernst zu nehmendes Problem, das wohl viele Schizophrene kennen – die natürliche und eingeimpfte Todesangst. Sie verhindert in der Regel das kleinste Öffnen in der Welt. Deshalb dürfte es sehr wichtig sein, einen schizophrenen Patienten behutsam auf ein schrittweises Lockern der Blockaden vorzubereiten, um der Todesangst die Wirkungskraft zu nehmen.

*

Spätestens hier war Schluss, die so genannte innere Welt als lustig zu empfinden. Ich lehnte mich, zugegeben recht spät, gegen die Willkür des Teufels auf. Während eines Gesprächs mit dem Nervenarzt verbot der Teufel mir, überhaupt von Stimmen zu reden. Doch diesen Befehl überging ich bewusst. Obwohl der Teufel zeterte und mir drohte, passierte nichts. Den wirklichen Durchbruch erlebte ich erst, als ich das Verhältnis zum Teufel analysierte. Ganz zum Schluss, als ich es fast nicht mehr aushielt, fiel mir auf, dass der Teufel immer nur geschimpft, gedroht und eingeschüchtert hatte. So fiel die Schlussfolgerung nicht schwer, ihn als Schwätzer zu entlarven. Ich glaube, das war die Voraussetzung für die Rückkehr in ein normales Leben. Allerdings hilft undifferenziertes Einreden von außen oder gar Einschüchtern nichts, denn die Erkenntnisse müssen bei jedem Betroffenen von innen wachsen, um die einschneidende Prozedur der »Rückkehr« von sich aus einleiten zu können.

## 10.

Die erste große Attacke des Teufels war offenbar fehlgeschlagen, so empfand ich es jedenfalls. Aus einem Teufel wurden jedoch bald mehrere. Alle nannten sich Teufel und forderten mich auf, mit ihnen zu kämpfen. Sie gebärdeten sich als echte Spießgesellen, die Lust am Kampf hatten. An einige Spiele kann ich mich gut erinnern. Zum Beispiel wurden mir 25 Lebensjahre zugestanden und bei jedem Gedanken, den sie von mir hörten, wurde ein Lebensjahr abgezogen. Natürlich gingen die Jahre schnell zur Neige, was wiederum eine Spirale aus Angst, Fragen und Gedanken in Gang setzte. In einem zweiten Spiel ordneten mir die Teufel wiederum eine Zahl von Lebensjahren zu und zogen immer dann die Jahre ab, wenn ich schluckte oder mich räusperte.

Eigentlich war das die Fortsetzung der alten Teufelspolitik, mich in Richtung der Beherrschung meines Geistes und Körpers zu erziehen. Am Anfang fragte ich den Engel, ob ich so etwas nötig hätte und mitspielen müsste. Der Engel antwortete, dass es äußerst unehrenhaft sei, nicht mitzukampfen. Also kämpfte ich um mein Leben oder um irgendwelche Privilegien. Der Engel und die Hexen wurden in diese Spielchen mit einbezogen, wobei sie alle scheinbar zu mir hielten.

Um diese Spiele immer wieder neu auflegen zu können, erfanden die Teufel eine oberste Instanz, die darüber wachte, dass alle Spiele mit rechten Dingen zugingen. Es war so etwas wie ein oberstes Schiedsgericht. Wenn der Ausgang eines Spiels zweifelhaft war oder es in irgendeiner Weise Streitigkeiten zwischen Teufeln und den Hexen gab, wurde das oberste Schiedsgericht angerufen. So kam es vor, dass ich eine halbe Nacht darauf wartete, wie denn das Schiedsgericht entscheiden würde. Auch dafür gab es ein Ritual. Ich musste mich zu gegebener Zeit auf die Bettkante setzen und abwarten, was verkündet wurde. Zumeist verkündete das oberste Gericht, dass ich gewonnen, mich also durchgemogelt hatte.

*

Auf den Gedanken, dass es nur eine große Show war, kam ich seltsamerweise nicht. Es wirkte alles äußerst echt. Jede der Stimmen – es waren mitunter fünf oder sechs – kam aus einer bestimmten Richtung. Daraus schloss ich auf die Echtheit der Ereignisse in der anderen, der inneren Welt. Diese erschien mir als Welt, die neben unserer stand und unsere Welt ständig beeinflusste. Dafür ließen die Stimmen auch öfter vermelden, dass sie technisch und organisatorisch wesentlich über uns stehen würden, uns also ausnahmslos im Griff hätten.

## 11.

Die Übungen zur Beherrschung des Körpers gingen immer weiter. Eines Nachts hieß es, dass die Hölle nun genug von mir habe und dass in meinem Körper lauter Bomben eingepflanzt worden seien. Ich war in schierer Panik. Aber es meldeten sich Menschen aus dem Himmel, die vom Engel Susanne gerufen und in der Beseitigung der Bomben ausgebildet waren. Sie versuchten mich zu beruhigen und sagten, dass dieses Schicksal viele treffe, die sich der Hölle widersetzen würden. Die Folge war, dass ich eine ganze Nacht völlig bewegungslos im Bett verharrte. In dieser Zeit »arbeiteten« die technisch ausgebildeten Menschen aus dem Himmel an meinem Körper und schafften es auch rechtzeitig, mich vor dem Aufstehen von den eingepflanzten Bomben zu befreien. Die Anspannung löste sich jedoch nicht.

Öfter passierte es – und das ging über viele Schübe hinweg –, dass mir die Hölle Gegenstände wie Sender, Empfänger und andere Apparate in das Gehirn und in den Körper einpflanzen ließen. An bestimmten anderen Tagen entfernten Techniker des Himmels diese Apparaturen wieder in mühevoller Kleinarbeit. Es begann ein richtiger Technikerwettstreit, wer von ihnen die effektivsten seien, die Techniker des Himmels oder die der Hölle.

Diese Übung war die bisher schwerste. Ich musste dabei nächtelang in Bereitschaft sein, musste mich ruhig verhalten, mich nicht bewegen und zudem auch den Geist zügeln. Die Prozedur ging regelmäßig über viele Stunden, in denen ich mich passiv zu verhalten hatte. Diese Tortur bemerkten die Angehörigen sehr genau, ohne die konkreten Zusammenhänge zu kennen, geschweige denn verstehen zu können.

Die Techniker beider Lager erzählten interessante Details über ihr Schicksal. Die Techniker der Hölle mussten eher gezwungenermaßen, bei Strafe ihres Todes, solche für mich nachteiligen Handlungen vollführen. Vom Wesen her gab es in der anderen Welt zwei Lager, den Himmel und die Hölle. Aufgeteilt auf beide Lager waren die Menschen, die die Aufgabe hatten, einerseits dem Himmel oder der Hölle zu dienen und andererseits die Seelenwanderung sicherzustellen. Die Kompetenzen zwischen Himmel und Hölle waren in einer Charta festgelegt worden, wobei sich Himmel und Hölle strikt an diese Charta halten mussten. So war zu erklären, dass die Teufel bestimmte Dinge mit mir tun durften, andere jedoch wohl nicht. Es hätte also alles seine Ordnung, versicherte man mir immer wieder.

Die Techniker der Hölle schimpften über die Teufel, mussten ihnen aber gehorchen. Das hieß, dass ganze Heerscharen von Technikern an meinem Gehirn herumbastelten und diverse Apparaturen ein- und ausbauten. Interessanterweise bekam ich in solchen Zeiten Schmerzen an der Nasenwurzel.

Irgendwann hatte ich genug und schluckte, als einer der Techniker an mir herumbastelte. Nun muss man wissen, dass angeblich das Gehör dieser Geschöpfe äußerst sensibel war und der Techniker beschwerte sich bitterlich, denn der Verlust des Gehörs hätte seinen sicheren Tod bedeutet. Menschen, denen das Gehör abhanden gekommen war, wurden also von den Teufeln getötet und ich hätte nun einen derjenigen Menschen beinahe in den Tod geschickt. Gleichzeitig beklagte sich die Hexe Edeltraut. Sie habe geglaubt, ich sei ein äußerst gütiges Menschenkind. Nun müsse sie aber feststellen, dass ich grausam und nachtragend sei. Diese Lektion traf mich sehr und fortan plagte mich ein schlechtes Gewissen.

An einem anderen Tag war ich an meinem Arbeitsplatz und die Techniker der Hölle vollführten einige Eicharbeiten mit Sendern und Empfängern. Da ich mich elend fühlte, beschloss ich, nach Hause und ins Bett zu gehen. Einer der Techniker übermittelte mir den Befehl des Teufels, ruhig auf dem Stuhl sitzen zu bleiben. Ich war so aufgebracht, dass ich mich schließlich durchsetzte und den Heimweg antrat. Den ganzen Heimweg lang belagerte mich der Techniker und bettelte, ich möge dem Teufel gehorchen, denn sonst würden ich und er, der Techniker, getötet. Das hätte die völlige Unterordnung unter die Teufel bedeutet und ich vollführte eine scheinbar einfache Aufgabe, ging nach Hause und legte mich – wiederum mit einem enorm schlechten Gewissen – ins Bett. Ich habe nie erfahren, wie mit ihm verfahren wurde.

Langsam, aber sicher bildete sich eine alles bestimmende soziale Bindung an den Himmel und an die Hölle heraus. Streckenweise beschäftigten mich die Gedanken an diese innere Welt fast ausschließlich. Ich begann zum Beispiel im Geiste gegen Festlegungen der Charta zu kämpfen, gegen die Todesdrohungen für Menschen, die unter der Höllenherrschaft zu leiden hatten und vieles andere mehr.

Verwundert war ich zusehends über die Ungerechtigkeiten, die zahllosen Zwänge und die archaischen Verhältnisse in der »anderen« Welt. Eine Parallele zu den starren Verhältnissen in der ehemaligen DDR sah ich nicht. Die Mächtigen in der DDR spürten langsam den Gegenwind, der vor allem »Wunsch nach Freiheit« hieß. So kämpfte ich nun gegen die Charta und deren machtbesessenen Festlegungen. Tief im Innersten gerieten Denk- und Verhaltensstrukturen ins Wanken, die ich für Recht und Ordnung angesehen hatte. Kann Recht, Ordnung und Gehorsam das oberste Gebot in unserem Leben sein? Nein. Die Stimmen lehrten es mir, jede auf ihre Weise, wie wichtig zu allererst die innere Freiheit ist. Und eben die ungerechten Verhältnisse bringen den Kampf für Freiheit hervor. Es war das erste Mal, dass ich mich mit der umfassenden Freiheit auseinander setzte, und die bis dahin vertretene marxistische Auffassung, dass Freiheit ausschließlich Einsicht in das Notwendige sei, wurde damit natürlich gehörig in Frage gestellt.

*

Solche inneren Kämpfe hielten über einen sehr langen Zeitraum an. Neben der Kleingruppe, die schon fast Familie geworden war, setzte nun eine unmittelbare Einbindung in die innere Welt – mit ihren zahlreichen Ungerechtigkeiten und Ungereimtheiten – ein.

Ich hatte nicht im Traum daran gedacht, das auf mich einbrechende Gebilde einer ganz anderen Welt anzuzweifeln. Für mich gab es zwar zwanghafte Gebote, doch geistig konnte ich mich recht frei in dieser mir unbekannten Welt bewegen. Erstaunlicherweise stellte ich wenige Fragen und hörte immer wieder gespannt zu, wie z.B. Radiosender auf mich einwirkten mit hochinteressanten Musik- und Wortbeiträgen, die ein so genannter Gewerkschaftssender der Menschen verbreitete. Es gab wohl nichts, was ich nicht wissen durfte – diese Welt basierte einerseits auf der Angst vor der Hölle und lebte andererseits durch den Kampf gegen die Festlegungen der Hölle.

Es war eine eigene und besondere Welt, die alle Probleme und Sorgen der realen Umgebung so relativierten, dass diese als nichtig und kaum bemerkenswert abgestempelt wurden.

Auf meine wenigen Fragen erhielt ich immer eine Antwort. Ich stellte zum Beispiel die Frage, wie groß sie, die Wesen, seien. Sie antworteten, dass sie etwa die Größe meines Gehirns hätten, nur eine andere Form. Auch diese Antwort kann man so deuten, dass sich alles in meinem Gehirn abspielte – in einigen separaten Gebieten. Das würde bedeuten, dass es diese besondere Welt, in der ich besuchsweise in mehreren Wochen und Monaten des Jahres lebte, überhaupt nicht gab.

Noch heute streiten meine Ehefrau und ich darüber, ob die Welt, die ich erlebte, nun real war oder nicht? Ich pflege dann immer zu sagen, dass der ganze Komplex zu meinen Erfahrungen gehört, die mich veranlassen, daraus bestimmte Lehren zu ziehen. Ich weiß nicht, ob es überhaupt so wichtig ist, die Frage zu klären, ob es nur »innere Stimmen« oder gar Stimmen äußerer Mächte sind. Ich werde versuchen aufzuzeigen, dass es im Verlaufe der Zeit immer schwieriger wurde, diese Frage schlüssig zu beantworten.

## 12.

Es dauerte sehr lange, bis alle Sorten von Apparaturen ein- und ausgebaut waren. Wesentlich dabei war, dass ich in diesen Zeiten sowohl den Körper wie auch den Geist beherrschen lernte. Ganz klar war mir natürlich nicht, warum das alles geschah, bis mich der Teufel eines Nachts ansprach und ein Spielchen von mir forderte. Der Preis in diesem Spiel war meine Unterschrift unter einen angeblichen Vertrag. War ich schon längere Zeit aufsässig gegenüber dem Teufel, so schrillten bei dieser Aufforderung alle Alarmglocken. Direkt unter die Herrschaft des Teufels wollte ich mich beileibe nicht bringen lassen – ich lehnte dieses Spiel das erste Mal mit aller Macht ab. Ich begriff: Es sollte jetzt also darum gehen, mich schriftlich dem Teufel unterzuordnen.

*

In der Folgezeit wurde genau dieser Vorschlag, mich dem Teufel schriftlich unterzuordnen, zentrales Thema meiner Gedanken. Je öfter und mehr der Teufel darum warb, um so sturer wurde ich. Am Anfang hatte ich noch

Angst, dass ich durch Unkenntnis eben doch einmal unterschreiben könnte. Aber das zerschlug sich mit der Zeit, denn es musste wohl offenbar der ausdrückliche Wille meinerseits vorliegen. Interessanterweise habe ich nie erfahren, wie ich denn richtig hätte unterschreiben sollen.

Ich halte es für falsch, wenn man den Schizophrenen nachsagt, dass sie systematisch geistig verarmen würden. Eher scheint es mir so zu sein, dass sie sich in erster Linie zurückziehen und bei Strafe ihres »Untergangs« nicht über das Durchlittene und Erlebte berichten. In meinem Fall hatte der Teufel immer wieder mit dem Tode gedroht, wenn auch nur ein Sterbenswörtchen an die Öffentlichkeit dringen würde. Also schwieg ich und unterwarf mich weiter den »Spielregeln« der Hölle.

Jetzt, nachdem ich die Krankheit fast überwunden habe, höre ich immer noch bei Meditationsübungen den Teufel fordern, bei ihm zu unterschreiben. Offenbar habe ich noch nicht alle Merkmale der Schizophrenie endgültig bewältigt.

## 13.

Beim darauf folgenden Schub wurde mir beigebracht, dass Vertreter der Hölle auch in der unmittelbaren Umgebung von mir, und zwar im realen Leben, existieren würden. Man sagte mir offen, dass ich nicht nur beim Denken überwacht werden würde, sondern dass viele mich und meine Familie sehen könnten und das Gesehene der Hölle melden würden.

Ich selbst begann von da an meine Gegenüber ständig zu taxieren, ob sie nun der Hölle angehörten oder nicht. Daraus resultierte anfangs eine Manie gegen alle Menschen, die mit mir in Kontakt traten, und steigerte sich dann so weit, dass ich dem Verfolgungswahn verfiel. Von überall her fühlte ich mich beobachtet und verfolgt. Das Leben mit der Hölle, das sich vorher ausschließlich im Geiste und durch die Stimmen im Kopf abspielte, holte mich nun auch im realen Leben ein.

Das war ohne Zweifel eine neue Qualität. Ich lief nun durch die Stadt mit dem Gedanken, dass der gerade mir gegenüberstehende Bekannte oder Fremde der Hölle angehören könnte, und bekam praktisch vor allen Menschen Angst. Die Angst, die vorher bestand, über Dinge zu sprechen oder zu denken, erweiterte sich zur Angst vor jedermann.

Doch das war nicht genug. Der Teufel setzte alles daran, mich zu einem Verräter zu machen. Eines Tages verlangte er unvermittelt von mir, die Adresse meiner Mutter zu verraten, damit er sie bestrafen könne. Natürlich wollte ich das um jeden Preis verhindern, obwohl ich oft mit meiner Mutter gestritten hatte, und krümmte mich geistig wie ein Flitzbogen, nicht einmal an die Adresse meiner Mutter zu denken. Denn ich würde sie schon verraten haben, wenn ich nur einmal an ihre Adresse dachte. Was für eine Herausforderung!

Die Folge waren enorme geistigen Verrenkungen – wie zum Beispiel hunderte falscher Adressen immer wieder neu auszudenken und im Geiste zu wiederholen. Diese Übungen – zu einem späteren Zeitpunkt ging alles nochmal von vorne los mit der Adresse meines Bruders – führten zu einer ungeheuren Konzentration auf das Denken. Alles andere, alle Vorgänge in der Außenwelt, wurden praktisch in meinem Bewusstsein ausgeblendet.

Ich lief wochenlang wie ein Schlafwandler durch die Gegend und lebte praktisch in einem engen geistigen Käfig, fast allein mit den Teufeln. Die anderen Mitglieder der kleinen Gruppe versuchten mich zu stützen und zu trösten. Diese Übungen waren wohl eine der härtesten Prüfungen, weil sie mit der Angst belegt waren, geliebte Menschen ans Messer zu liefern.

Natürlich war diese Aufgabe auf Dauer nicht zu bewältigen, denn es scheint mir eine paradoxe, extrem belastende Situation zu sein, an etwas zu denken und gleichzeitig nicht daran denken zu dürfen. Letzten Endes verriet ich also – vollkommen geschwächt und durcheinander – beide Adressen, so dass ich mich als ausgemachter Schurke betrachten musste. Solche Übungen führten ganz schnell dazu, meine Persönlichkeit zu zerstören.

Aus heutiger Sicht bleibt festzuhalten, dass beide Adressen im Telefonbuch standen und eigentlich kein »vernünftiger« Grund zur Aufregung bestand. Aber dieser Gedanke war mir erst später möglich und zwar erst sehr viel später.

*

Heute erkläre ich mir diese Phase so, dass die Stimmen den Druck auf mich enorm erhöhten und mich geistig jagten, um mich in eine Ecke zu drängen. Bald wurde mir bewusst, dass mich der Verfolgungswahn sehr schnell zerstören konnte. Dafür hatte ich in der Nervenklinik Beispiele vor mir.

Als Beispiel sei genannt, dass ich furchtbare Angst vor einer Orange hatte, die ein Bettnachbar achtlos hinter seinen Bettschrank geworfen hatte. Ich entsorgte sie, so schnell es ging. So weit ging der Verfolgungswahn in Verbindung mit einer gehörigen Portion Hexenwahn. Doch ich rappelte mich auf, nachdem der Schub beendet war, und sagte mir, dass es falsch und schädlich für mich sei, allen Menschen zu misstrauen.

Dabei half mir ein Satz meines verstorbenen Onkels, der ehemals in englischer Kriegsgefangenschaft gewesen war. Dieser Satz wurde fast zu meinem Lebensmotto und lautete: »May be yes, may be no.« Für mich bedeutete das in der Übersetzung: »Es kann sein, muss aber nicht.« Eben diese Einstellung wandte ich bei meinen Gesprächen mit den Teufeln und den Hexen in der Folgezeit an. Sie erlaubte mir eine lockerere Sicht auf die Dinge und es bildete sich eine eindeutige Distanz zum Teufel und seinem Gefolge heraus. Alles, was er von sich gab, konnte plötzlich wahr oder auch unwahr sein. Alles, was er vorgab zu tun, war etwas, das nichts mehr mit mir zu tun haben musste. So konnte ich jetzt differenzieren, wenn er vorgab, zum Beispiel einen Techniker wegen meiner Handlungsweise töten zu müssen, dass nicht ich töten würde, sondern er.

Ähnlich ging es mir mit dem Verrat der Adressen meiner Mutter und meines Bruders. Ich sagte mir – einerlei, ob nun der Verrat erfolgte oder nicht –, die mögliche Bestrafung der beiden durch den Teufel wäre allein von ihm zu verantworten. Nur so war es möglich, dass ich die Attacken des Teufels einigermaßen unbeschadet und vor allem ohne Unterschriftsleistung unter einen Pakt mit dem Teufel überstand.

Vor allen Dingen lernte ich genau zu unterscheiden zwischen vermeintlicher Ursache und deren Wirkung, denn dies schienen die Teufel ständig zu verwechseln.

So bewahrte mich die Haltung »May be yes, may be no« vor wesentlich schlimmeren psychischen Problemen. Das war ein Hoffnungsschimmer am Horizont.

## 14.

Eines Abends – das Leben mit dem Engel und den Hexen hatte sich fast normalisiert – meldete sich der Teufel wieder und fing an, mich fürchterlich zu beschimpfen. Er werde mich nun endgültig holen. Er habe jetzt genug von meiner Arroganz und würde mich innerhalb der nächsten Stunden töten müssen, wenn ich nicht doch gleich unterschreiben würde.

Natürlich erschrak ich angesichts der neuerlichen Eskalation und fragte den Engel, was zu tun sei. Susanne verfiel gleichsam in eine Starre und jammerte, dass sie es hätte wissen müssen, dass der Teufel nicht locker lassen würde. Sie gab mir den Rat, in ein Gotteshaus zu gehen und Gott um Hilfe zu bitten. Da ich an diesem Abend allein zu Hause war, fiel es nicht schwer, loszugehen. Jedoch irrte ich von einer verschlossenen Kirchentür zur nächsten. Ich glaubte, nun mit dem Leben abschließen zu müssen. Der Teufel fluchte erneut und drohte, dass er mich beim nächsten Mal ganz sicher holen würde.

Wieder einmal hatten mich die Stimmen zu einer unkontrollierten Handlung gebracht.

Es ging dem Teufel offenbar darum, mich ständig in Bewegung zu halten und zu äußerst unüberlegten Handlungen zu bewegen. Auf einer Straßenbahnfahrt machte er mir heftige Vorwürfe. Er müsse nun endlich mit mir abrechnen, da ich ihn verletzt und gekränkt habe. Damals, ganz zu Beginn, als wir das erste Mal miteinander sprachen, hätte ich ihn ungeniert in den Hintern getreten. Das verlange nach Sühne. Natürlich konnte ich mich erinnern, dass ich damals mit den Füßen ins Leere getreten hatte. Ich entschuldigte mich bei ihm. Er antwortete kalt, dass er nie wieder Entschuldigungen hören wolle, er würde davon noch wütender. Ich sollte endlich lernen, zu meinen Pflichten und zu meinen Handlungen zu stehen.

Wenig später hörte ich unbekannte Stimmen, die mich aufforderten, auf den Dachboden zu kommen. Sie erzählten, dass sie mich sehr lieben würden, weil ich dem Teufel Paroli geboten hätte. Ich ging auch mehrere Male auf den Dachboden, konnte aber niemanden finden. Diese Stimmen ließen jedoch nicht locker, und meine Frau, die das mitbekommen hatte, versuchte mit allen Mitteln, mich am Gang zum Dachboden zu hindern. Später erzählte sie mir, dass sie das starke Gefühl gehabt habe, mich vor Suizidversuchen schützen zu müssen.

*

Die Verbindung zu den »oberen« Sphären hatte sehr bedrohliche Dimensionen angenommen. Das Leben mit dem Engel und den Hexen, die mir anfangs noch wohlgesonnen waren, wurde abgelöst von einem Leben voller Bedrohung und Grausamkeit. Ich überlegte sehr ernsthaft, wie ich die Stimmen abschütteln könnte, fand aber keinen Ausweg.

Der Teufel gebärdete sich als übermächtiger Gegenspieler, den nichts bremsen konnte. Jederzeit, so nahm ich an, konnte der Teufel mich vernichten. Ich prüfte in Gedanken, mich doch dem Teufel zu unterwerfen. Doch dann wäre diese Verbindung zementiert gewesen und nie zu Ende gegangen – überlegte ich. Also verwarf ich die Idee einer Unterordnung, sobald der Gedanke kam.

Ein weiteres Problem bestand darin, dass ich für die Außenwelt immer öfter Dinge tat, die niemand verstehen konnte. Die Krankheit brach sich immer offensichtlicher Bahn. Man muss sich vorstellen, dass verschiedene Ebenen der Krankheit, zum Beispiel das angebliche Einpflanzen und Herausnehmen von Sendern, Empfängern und anderen Apparaten, sich ergänzten mit den eben geschilderten Vorkommnissen. Die verschiedenen Dinge durchdrangen sich ständig, so dass ein sehr komplexes Krankheitsbild entstanden war. Gott sei Dank halfen mir jedesmal die Ärzte mit Medikamenten, diese Höhepunkte der Schizophrenie zu bekämpfen. Ich hatte danach bis zum nächsten Schub genügend Zeit, mich körperlich und vor allem geistig-seelisch zu regenerieren. Leider verdrängte ich dabei nur.

## 15.

Während eines weiteren Schubes lag ich auf dem Bett und hörte plötzlich eine feste und mächtige Männerstimme. Sie sprach sehr wohlwollend auf mich ein. So vorsichtig, wie ich eingestellt war, begegnete ich ihr mit Interesse, aber nicht mehr. Ich fürchtete dahinter wieder eine Finte des Teufels.

Diese Stimme sprach darüber, dass ich wohl jetzt in der Lage sei, den Doktortitel abzulegen. Darüber wunderte ich mich sehr, weil ich in keiner guten körperlichen und geistigen Verfassung war und auch keine Ambitionen in dieser Richtung hatte. Als das Gespräch beendet war, meldeten sich die Hexen aufgeregt, ob ich denn wüsste, wer sich gerade herabgelassen hätte, mit mir zu sprechen? Es sei Petrus persönlich gewesen.

Natürlich konnte ich kaum glauben, dass die Verbindung zum Himmel wieder zustande gekommen war. Ein wenig war ich auch stolz. Vielleicht wäre das die Lösung aller Probleme mit dem Teufel.

Bei den nächsten Attacken des Teufels rief ich kurzerhand nach Petrus – und der erschien prompt. Petrus schimpfte mit einer Intensität und Lautstärke auf den Teufel ein, dass ich mich kaum traute, ein Wort zu sagen. Er drohte dem Teufel, wenn er mich nicht in Ruhe ließe, dann würde der Teufel abgelöst und in die Provinz geschickt.

Die Hexen Gerlinde und Edeltraut waren reinweg aus dem Häuschen ob der guten Nachrichten. Sie verkündeten, dass ich mit Sicherheit ein Engel sei und dass ich höchst wahrscheinlich ein ganz großes Tier im Himmel werden würde. Diese Aussage erschreckte mich mehr, als dass ich mich darüber freuen konnte. Ich hatte erlebt, wie hart Susanne als Engel zu arbeiten hatte und welche Qualitäten dafür mitgebracht werden mussten. Also wünschte ich mir, ja nichts anderes zu sein als das Menschenkind Andreas – weder ein Engel noch ein Teufel. Dies sagte ich auch Petrus und er versprach, dieses Problem vor die oberste Gerichtsinstanz zu bringen.

Ich atmete erleichtert auf, weil ich nun offenbar einen mächtigen Verbündeten, und zwar einen ranghohen, an meiner Seite hatte.

Nach einigen Tagen hatte ich es tatsächlich durchgedrückt: Ich war das Menschenkind Andreas. Als der Teufel erneut unbotmäßig gegen mich vorging, meldete sich Petrus und versetzte den Teufel kurzerhand in die »Provinz«. Petrus sagte, nun könne er, der Teufel, in einer Kleinstadt wüten. Keine Viertelstunde später meldete sich der neue Teufel. Ich war sehr erleichtert, einen neuen Teufel vor mir zu haben und versuchte von Anfang an, ein vernünftiges Verhältnis zu dem Neuen aufzubauen. Es stellte sich aber im Laufe der Zeit heraus, dass dieser Teufel noch schlimmer mit mir umging als der letzte.

## 16.

Der neue Teufel machte mir in der Weise zu schaffen, wie ich es schon vorher erlebt hatte. Es wurden Spiele gespielt, ich wurde diskriminiert und getriezt – das Repertoire der Teufel schien unerschöpflich zu sein. Eines Nachts hörte ich eine Stimme, die recht gebrochen schien. Sie forderte den Teufel auf, sie zu fangen. Darauf stieg der Teufel sofort ein und drohte dieser Stimme, dass er sie töten werde. Ich verstand dies alles nicht, bis mir eine der Hexen sagte: »Die Stimme da, das ist deine Seele, Andreas!« Wie elektrisiert blieb ich liegen und hörte mir an, was weiter geschah. Ich fühlte blanke Ungläubigkeit. Die Stimme forderte den Teufel immer wieder heraus, sie zu fangen. Der Teufel antwortete, dass er sie gleich zu packen bekomme. Doch plötzlich verstummte der Teufel. Die Hexen rätselten, was da wohl passiert sein mochte. Eine der Hexen bemerkte unvermittelt, dass die Seele wieder zu Andreas zurückkehren würde. Der Teufel sagte lapidar, Andreas hätte ihm das Genick gebrochen, er selbst werde sicherlich sterben, aber Andreas dennoch kriegen.

Die Hexen verfielen in eine wahre Euphorie über die mutige Seele von Andreas. Wer mag diese Seele wohl sein? Vielleicht ist es die Seele von Jesus Christus? Jetzt war es heraus, der Gedanke und gewissermaßen das Angebot, Jesus Christus zu sein. Eine wahre Flut von Gefühlen stürzte auf mich ein. Einerseits war es ein wenig Stolz, zu so einer Tat fähig zu sein, obwohl das alles außerhalb meines konkreten Wollens ablief. Zum anderen empfand ich ein großes Unbehagen, dass ich persönlich (oder meine Seele) einen Teufel, also ein Wesen, umgebracht haben sollte. In dieser Situation half mir wieder der Grundsatz »May be yes, may be no«. Ich versuchte, erst einmal Abstand zu bekommen. Aber genau das wollten die Stimmen verhindern. Sie diskutierten verschiedene Möglichkeiten, was denn zu tun sei?

Als Fazit beschlossen sie, mich heilig zu sprechen. Nun wusste ich gar nicht, was eine Heiligsprechung ist, und meldete auch in dieser Richtung Bedenken an. Alle Stimmen waren schließlich der Meinung, dass ich mit meiner Denkweise nicht unbedingt heilig gesprochen werden dürfe. Es ging also aus wie das Hornberger Schießen. Schließlich meldete sich ein neuer Teufel und drohte mir mit einer Sonderbehandlung, denn ich hätte seinen Vorgänger getötet. Dies verlangte zumindest besondere Aufmerksamkeit.

*

Es gab in der Folge von Seiten der Stimmen immer wieder den Versuch, mich als eine außergewöhnliche spirituelle Persönlichkeit zu etablieren. Der erste Versuch, mich zum Jesus Christus zu machen, war zwar nicht fehlgeschlagen, hatte aber auch nicht gefruchtet. Diese Zwitterstellung – »Vielleicht bin ich es, vielleicht eben auch nicht!« – verstellte mir den Weg, mich früher gegen die Machenschaften der Stimmen zu stellen.

Selbst später in den Pausen zwischen den Schüben bezog ich keine klaren Positionen, sondern war gewissermaßen Weltmeister im Verdrängen. Aber – und das muss immer wieder betont werden – die Stimmen, egal was sie von sich gaben, waren für mich real, sie existierten in einem Reizvolumen und einer Intensität, die über denen der Außenwelt lagen. Ich konnte den Stimmen nicht ausweichen, egal wohin ich mich verkroch, egal was ich sonst noch anstellte.

Zum anderen vermittelte der Gedanke, Jesus Christus zu sein, ein Gefühl, mit einem Schlag alle Probleme lösen zu können, weil ich in der Stufenleiter ganz oben zu stehen schien. Dieser Verlockung hatte ich aber widerstanden, weil ich instinktiv ahnte, dass die Probleme dadurch nur noch größer werden würden.

## 17.

Die Warnung des neuen Teufels, sich besonders mit mir zu befassen, sollte sich bewahrheiten. Er gebärdete sich noch grausamer als alle anderen zuvor. Eines Abends warnte mich eine der Hexen, der Teufel sei in meinen Kopf gestiegen und würde mich genauer besichtigen. Es dauerte nicht lange und beide Hexen berichteten davon, dass viele unbekannte Teufel und Hexen Schlange stünden, um mich, den »Teufelsmörder«, zu besichtigen. Ich sei so etwas ähnliches wie ein Wallfahrtsort geworden.

Wenig später berichteten die Hexen, dass der Teufel es sich in meinem Kopf gemütlich machen würde, er hätte sogar gepopelt. Und jetzt, so ging es weiter, würde er in meinem Kopf rauchen. Die Horrormeldungen überschlugen sich! Der Teufel zündete meine Seele am Bein an. Die Hexen scheuchten mich förmlich in das Badezimmer, um den Kopf unter kaltes Wasser zu halten. Ja, so sagten sie mir, das Bein der Seele sei endgültig verloren. Ich würde wohl künftig nur noch mit einem Holzbein in der anderen, der richtigen, Welt daherfliegen können.

Obwohl ich geschockt war, machte ich doch schon wieder kleine Witzchen darüber. Na und, so argumentierte ich, dann würde ich wohl eine einmalige Seele mit Holzbein abgeben und jedermann würde mich gleich erkennen. Wenig später überraschte mich der Teufel dann damit, dass er meine Seele ganz anzündete. Obwohl ich gleich unter kaltes Wasser ging, war die »tapfere Seele« nun vernichtet.

Am nächsten Abend stellten die Hexen, die angeblich Röntgenaugen hatten, jedoch fest, dass in mir wieder eine stattliche Seele wohnte. Sie sagten: »In deinem Gehirnskasten, Andreas, ist wieder eine Seele. Das muss ein Wunder sein, wenn dir Gott eine neue Seele schenkt. Das hat er unseres Wissens noch niemals getan.« Und sie schlussfolgerten: Vielleicht ist es nun doch die Seele von Jesus Christus...

*

Es war schon das zweite Mal, dass sich alles auf Jesus Christus fokussierte. Sollte ich also die Identität von Jesus Christus annehmen? Ich als einfacher Mensch Andreas? Darüber musste ich gründlich nachdenken. Aber wie, wenn jedes Wort überwacht wird, das man denkt? Man denkt also unterschwellig, obwohl auch dieses durch die Hexe Edeltraut offenbar werden konnte. Wieder einmal bewahrte mich die Haltung »May be yes, may be no« vor einer vorschnellen Entscheidung. Im Innersten bewahrte ich mir immer die Überzeugung, das einfache Menschenkind Andreas zu sein.

Bis auf die unterschwellige Beschäftigung mit diesem Thema über mehrere Jahre hatte diese Attacke des Teufels wenig Erfolg. Endgültig geklärt wurde die Frage erst, als ich nach sieben Jahren Schizophrenie eine Wahrsagerin aufsuchte und sie mit meinen Erlebnissen konfrontierte. Fazit ihrer Aussage war, obwohl ich keinen Hinweis lieferte, dass ich ein sehr bescheidener Mensch sei – und im übrigen der neue Jesus Christus. Das war mir dann doch zu viel; ich entschied mich für die Bescheidenheit.

Nicht auszudenken wäre gewesen, ich hätte tatsächlich als »Herr der Welt« angefangen zu regieren. Ich stellte mir vor, wie es den Leidensgenossen, die an Schizophrenie erkranken, ergehen muss, die sich in solche angeblich hohen Positionen und Posten verstricken. Das Gefährliche daran scheint mir die Verquickung von Hirngespinsten mit realen Vorgängen in der Außenwelt zu sein. Wie muss es einem

Kranken erst ergehen, wenn er plötzlich für ganz reale Kriege, Katastrophen oder Unglücke von den Stimmen persönlich verantwortlich gemacht wird?

## 18.

Die Krone der vielfältigen technischen Details und Leistungen waren die Himmels- und Teufelsleitungen. Sie wurden sowohl vom Himmel wie auch von der Hölle zu bestimmten Höhepunkten, meistens zu den Höhepunkten im Schizophrenieschub, in Betrieb genommen. Dabei wurden bei mir die Himmelsleitungen etwas sparsamer eingesetzt.

Eine Himmelsleitung funktionierte in der Weise, dass man das Gedachte sofort mit einer ziemlich mächtigen Stimme hörte, also Denken und das dazugehörige Hören waren eins.

Es war eine irre und spektakuläre Erfahrung. Ich selbst habe mindestens zweimal über die Himmelsleitung gesprochen, wobei mir immer nur einfiel, über die Hölle zu schimpfen. Einmal wollte ich sogar ausfallend werden, konnte mich aber in letzter Sekunde bremsen.

Nach dem Schalten der Himmelsleitung versicherte man mir, haben viele im Himmel und möglicherweise auch in der Hölle meine Worte mithören können. Besonders von den Menschen würde mein Schicksal genauestens verfolgt, ich sei eine Persönlichkeit, deren Schicksal sich mit vielen Menschen im Himmel und in der Hölle kreuzen würde. Misstrauisch geworden über so viel Anerkennung beendete ich solche Gespräche immer recht schnell.

Anders war das bei der Teufelsleitung. Sie wurde gewöhnlich bei jedem Schub aufgebaut. Mit ihrer Hilfe konnten die Teufel alles sehen und mitverfolgen, was auch ich sah. Damit war die Überwachung perfekt. Als Beispiel sagten mir die Teufel einmal, dass sie mich genauso fertig machen würden wie den Patienten, den ich in der Nervenklinik gerade vor mir hatte. Und dem schien es gar nicht gut zu gehen.

Mit solchen Bemerkungen demonstrierten sie die Macht, die sie über mich zu haben schienen. Die Teufelsleitung irritierte mich in besonderer Weise. Alles, was ich dachte und sah, war plötzlich nicht mehr nur meine Privatsache, sondern gehörte zum Allgemeingut der Hölle. Es war die totale Kontrolle. Später, bei den letzten Schüben, machte mir dieses »Big Brother-Gefühl« dann nichts mehr aus.

Die technischen Überwachungsapparaturen hatten eine hervorragende Stellung und Bedeutung. Mit ihrer Hilfe sollte einerseits die totale Kontrolle sichergestellt und andererseits sollten auch psychische Prozesse überwacht werden. Immer dann, wenn ich kurz davor stand, die Nerven zu verlieren, gerieten die Vertreter der Hölle in reinste Verzückung. Umgekehrt kamen kurze enttäuschte Erklärungen, wenn ich gegen die Norm verstieß und mich nicht so verhielt, wie sie es erwarteten.

*

Die Beschäftigung mit der Hölle und allen dazugehörigen Figuren war schon längst während der Schübe zu einem Vollzeitjob geworden. Ich wundere mich heute noch, wie ich die Mindestanforderungen meiner Arbeit erfüllen konnte. Mir entgegen kam dabei allerdings, dass ich allein und relativ selbständig arbeiten konnte. Wenn man bedenkt, dass ich tagsüber fast ausschließlich von Teufeln, Engeln und Hexen bewegt wurde und nachts von anderen Figuren, die an mir herumbastelten, dann schien es nur eine Frage der Zeit, wann ich endgültig zusammenbrechen würde.

Schließlich erlitt ich im achten Jahr der Schizophrenie einen Herzinfarkt, der nur die logische Folge der ständigen Überforderung zu sein schien. Schon vorher war meistens mein Gesundheitszustand während der Schübe – wie bei vielen schizophren erkrankten Menschen – psychisch wie physisch desolat. Bei all den Schilderungen, wie relativ tapfer ich allen Widrigkeiten entgegentrat, muss ich an dieser Stelle eben auch diese Seite der Krankheit – die körperliche und seelische Erschöpfung – erwähnen.

Die Stimmen zehrten in doppelter Hinsicht an meinen Kräften.

## 19.

Der neue Teufel nahm wenig später sowohl den Engel Susanne als auch die Hexen Edeltraut und Gerlinde aus dem »Spiel«.

Zuerst traf es den Engel Susanne. Der Teufel sagte, dass ich mich regelwidrig verhalten hätte. Deshalb müsse er nun den Engel töten und ich sei dafür verantwortlich. Susanne verabschiedete sich von mir gefasst und sprach davon, dass ich mich tapfer schlagen möge. Als sie verstummte, war ich dermaßen schockiert, dass ich darauf so gut wie gar nicht reagierte. In mir machte sich totales Entsetzen breit, das alles Denken für mehrere Tage fast unmöglich machte. Ich hatte die einzig wahre Verbündete verloren, die alles Bisherige mit mir gemeinsam erlebt hatte. Der Schmerz und die Schuldgefühle verstärkten sich in unerträglich hohem Maße. Dazu kam, dass die Hexen nun »verwaist« waren und mit enormer Intensität über den neuen Zustand klagten. Sie machten mich unmittelbar verantwortlich und erhoben Vorwürfe. Das machte es mir noch schwerer, dazu einen »klaren Gedanken« zu fassen.

Ich beobachtete nun genau, was Susanne im wahren Leben tat. Ich hatte Angst, dass ihr etwas zustoßen könnte. Glücklicherweise verhielt sie sich wie immer, freundlich und zuvorkommend zu mir. Der Schock steckte tief. Wenn Susanne in dieser Zeit tatsächlich etwas passiert wäre, ich hätte es mit großer Wahrscheinlichkeit nicht überlebt.

Angeblich offenbarte ich zusammen mit der Adresse unserer Wohnung auch den Aufenthaltsort der Hexen. Edeltraut und Gerlinde wurden daraufhin aus meinem »Hörfeld« genommen. Sie lamentierten schon vorher, dass man sie nun in die Hölle verfrachten werde und sie dort ein unbequemes und ungeliebtes Leben führen müssten. Es passierte von einer Sekunde auf die andere – seither hörte ich nichts mehr von beiden Hexen.

Das traf mich wiederum ganz fürchterlich. Ich malte mir aus, wie es sein müsste, ohne Unterstützung geliebter Wesen auskommen zu müssen. In dieser aussichtslosen Lage, wie ich es empfand, hatte ich permanent Selbstmordgedanken. Ich glaubte, um aus dem Gemetzel herauszukommen, dass ich meinem Leben ein Ende setzen müsste. Ich brütete schon über die konkrete Realisierung, als ich mich daran erinnerte, dass mir Gott das Leben nicht geschenkt hatte, damit ich es achtlos wegwerfe. Es durchdrang mich der feste Wille, einerseits zu leben, andererseits niemals aufzugeben und Gott zu enttäuschen. Ich denke, dass ich in dieser schweren Zeit ein gläubiger Mensch wurde.

*

Es war wohl die Zeit des tiefsten Wandels in mir selbst. Trotz der Depression, in die mich die Wegnahme geliebter Wesen gestürzt hatte, hatte ich Mut und Zuversicht schöpfen können und zwar aus einer Quelle, die mir vorher verschlossen geblieben war. Zum anderen beschwor ich den Gedanken, dass man nicht fortgesetzt Ursache und Wirkung verwechseln dürfe. Schließlich war es der Teufel, der den Engel angeblich tötete und die Hexen in die Hölle transportieren ließ – nicht ich! Der Teufel wirkte auf mich in dieser Phase wie ein übermächtiger Gegenspieler, gegen den ich keine Chance zu haben schien.

## 20.

Die Situation eskalierte erneut. Mitten in der Bearbeitung meines Kopfes durch Techniker der Hölle nahm der Teufel diese ebenfalls aus dem Spiel.

Er, der Teufel, sagte, dass ich lange genug mit den Technikern hätte reden können. Jetzt sei der Zeitpunkt gekommen, wo nur noch er selbst an mich herangelassen würde. Damit hörte schlagartig sowohl die Unterhaltung mit Menschen aus der Hölle als auch die Bearbeitung des Kopfes mit Sendern, Empfängern und ähnlichen Geräten vollständig auf.

Daraufhin kündigte mir der Teufel an, dass heute die Schlacht endgültig entschieden würde. Es war an einem Sonntag kurz nach dem Nachmittagskaffee. Ich hörte Vertreter der Hölle darüber reden, dass ich zu viel von dem Kuchen gegessen hätte und dass dadurch die Entscheidung für die Hölle wohl schon gefallen sei. Nach mehrmaligem Diskutieren dieses Themas, wobei ich versuchte, so ruhig wie möglich zu bleiben – also mein Gehirn ausschaltete –, entschloss ich mich, heimlich meinen Darm auszuspülen. Damit glaubte ich, mich optimal auf die anstehende Schlacht vorbereiten zu können. Meine Ehefrau, die jeden meiner Schritte überwachte, bekam das natürlich mit und erwischte mich beim Darmausspülen. In ihrer Verzweiflung rief sie den Notarzt an, der allerdings erst nach Stunden eintraf.

In eben dieser Zwischenzeit begann die »Entscheidungsschlacht«. Ich hatte dabei nur ruhig zu sein, was bedeutete, dass ich das Denken auf allen Ebenen einstellte. Ich hatte mich in einem der Zimmer verschanzt und ein Buch vor mir, in dem ich keinen einzigen Buchstaben las. Neu war dabei, dass ich die Unterhaltung einiger Vertreter der Hölle, also mehrerer Teufel, mitverfolgen konnte. Sie machten mir vermeintlich Komplimente, weil sie angeblich von mir gar nichts hörten: »Wie macht der das bloß, er war ja sonst immer eine Flasche?!«

Nach zwei bis drei Stunden kam der Notarzt und ich verfiel bei seinem Anblick in Panik. Ich stürzte zur Tür hinaus und vergaß natürlich ganz, dass ich nichts denken durfte. Nach etwa einer Stunde kehrte ich nach Hause zurück und merkte, dass ich die »Entscheidungsschlacht« verloren hatte. Ich war auf meine Niederlage vorbereitet und dachte, dass mich die Teufel nun irgendwann töten würden. Unterschreiben – das hätte ich nie gemacht!

Die Teufel triumphierten und erwähnten, dass sie mir eine Todesspritze gegeben hätten. Plötzlich meldete sich Petrus und nahm die geifernden Teufel ins Gebet. In der Spritze sei nur Wasser gewesen, dafür habe der Himmel schon gesorgt. Außerdem stünden Andreas und seine Frau unter dem Schutz des Himmels. Ich glaube, ich durfte zu dieser Gelegenheit auch einige Worte über die Himmelsleitung sagen. Als abschließendes »Machtwort« von Petrus hörte ich, dass mich die Teufel künftig in Ruhe zu lassen hätten. Er, Petrus, würde den Andreas zum Stellvertreter Gottes vorsehen. So wurden die Gefühle hoch- und runtergepeitscht.

*

Da war es wieder, das Angebot, in die Haut eines ganz Großen zu schlüpfen und die Probleme auf einen Schlag zu lösen. Natürlich war ich für mehrere Stunden wie gelähmt und konnte fast gar nichts denken. Die Versuchung, das Angebot anzunehmen, Stellvertreter Gottes zu werden, war so groß wie nie zuvor. Dann hätte ich den Teufeln so richtig in den Hintern treten können! Beim Gedanken, Gott wohl zu korrigieren, wenn es um seine Schöpfung ging, brachte mich aber bald auf den Boden der Tatsachen zurück. Ich stellte mir vor, wie denn die Welt aussähe, wenn ich sie mitformen könnte.

Also begann ich doch ziemlich für mich darüber zu spotten, dass ich, der einfache Andreas, ein Gottesgleicher würde. Das war wohl das einzige Mal, dass ich irgendwie Freude über so viel Irrsinn empfand. Übrigens: Petrus meldete sich nach diesem Auftritt nicht mehr, so dass ich ziemlich einsam und verlassen gegenüber der Hölle dastand.

Es schien unbedingt zur Methode zu gehören, den Schizophrenen, also in diesem Falle mich, in eine Rolle zu drängen, der der Kranke nicht gewachsen war. Mir bot man an, Jesus Christus, Herr der Welt, Stellvertreter Gottes, Erzengel Gabriel und schließlich der Antichrist zu sein. Alles Posten und Positionen, die von Überschätzung nur so strotzten.

Ich stellte mir im Nachhinein hypothetisch die Frage: Was wäre gewesen, wenn ich auch nur eine dieser Positionen angenommen hätte? Die Teufel hätten mir ohne Zweifel den Sack noch tiefer über die Ohren gezogen. Und sie hatten es ja schon sehr rüde und wenig zimperlich getan.

Wichtig scheint mir dabei: Bis auf eine Ausnahme hatten die Stimmen aus der Hölle mir die Positionen nur angeboten, nicht aufgezwängt. Es lag also immer an der Haltung, die ich dazu bezog. Vielleicht kann man das bei der Arbeit mit Schizophrenen beachten, obwohl ich nicht weiß, wie verallgemeinerungsfähig diese Beobachtung ist. Nach meiner Erfahrung können und sollten schizophren Erkrankte jederzeit von größenwahnsinnigen Positionen abrücken.

## 21.

Interessanterweise hatte ich in zunehmendem Maße das Gefühl, den jeweils ranghöchsten Teufel manipulieren zu können. Das vollzog sich in einem einfachen Muster. Innerhalb eines Gesprächs dachte ich mir im Voraus die darauf folgende Frage, Antwort oder Formulierung aus, und prompt reagierte eben dieser ranghöchste Teufel in der gewünschten Weise. Das hatte den vorteilhaften Effekt, dass ich in der Lage war, bestimmte Entscheidungen im Voraus dem Teufel in den Mund zu legen. Es machte mir Spaß, die Gespräche so zu lenken, wie ich es wollte.

Natürlich funktionierte das nicht immer. Zum einen konnte ich offenbar nur mit einem der Teufel dieses Spiel veranstalten, der andere, der dann in der Regel dabei war, wahrte stets die Interessen der Hölle und griff ein, wenn diese gefährdet schienen.

Aufpassen musste ich auch, keine Fremdwörter zu gebrauchen. Immer dann, wenn ich dem »steuerbaren« Teufel ein Fremdwort in den Mund legen wollte, horchte er auf und beschimpfte mich gewaltig – einerseits weil ich offenbar den Ranghöchsten der Hölle manipulieren wolle und andererseits wegen des Fremdwortes selbst. Die Teufel erwähnten immer wieder, dass die deutsche Sprache rein gehalten werden müsse.

*

Die Tatsache, dass ich in bestimmten Grenzen die Gespräche lenken konnte, warf natürlich die Frage auf: Kamen die Stimmen aus dem Inneren, aus meinem Unterbewusstsein? Oder gab es eine ausgefeilte Technik, die diese Vorgänge von außen steuerte?

Mir kam es so vor, als sei ich in einem Computerspiel die Hauptperson, die nach Lösung der Aufgabe eine jeweils schwerere zugewiesen bekommt, so dass sich der Schweregrad stets steigert. Einmal hörte ich die Unterhaltung zwischen Teufeln mit an, wobei einer der Teufel sagte: »So weit hat es bisher keiner geschafft.« Spontan antwortete ich: »Ihr werdet Euch noch wundern, wie weit ich es schaffen werde!«

## 22.

Ich hatte auf einmal den Impuls, dass ich es noch einmal versuchen sollte, mich mit den Teufeln zu versöhnen. Natürlich ohne mich in deren Hände zu begeben.

Irgendeinen Sinn musste es doch geben, dass die Teufel mich in so unfairer Weise traktierten. Diese Frage ging mir im Kopf herum – und gleichzeitig auch ein anderer Gedanke: Wenn sie mich vernichten wollten, so hätten sie schon längst Gelegenheit dazu gehabt!

Also, was wollen die Teufel konkret außer einer Unterschrift? Ging es wirklich um meine Seele und warum dann die spielerischen und manchmal sportlichen Begleitumstände? Es war ein Aufschrei und ein letzter Versuch, auf die Fragen eine Antwort zu bekommen. Eben diese Gedanken äußerte ich und bekam nur Hähme zurück, obwohl ich guten Mutes und Willens mit ihnen ins Gespräch kommen wollte.

Sie jedoch setzten unmittelbar alles daran, mich zu triezen. Sie forderten von mir, dass ich mich körperlich ertüchtigen müsse und erfanden sogleich mehrere Übungen, die ich – immer noch im guten Willen – auszuführen für richtig hielt. Es wurde eine ganze Nacht, in der ich Sport trieb wie schon sehr lange nicht mehr. Nach dieser Nacht hatte ich einen kräftigen Muskelkater und konnte kaum noch gehen. Das war aber nicht das Schlimmste.

Zwischen den Übungen erfolgten Ergebenheitsrituale. Der Teufel persönlich wurde angekündigt und manchmal erschien er angeblich auch. Sie forderten von mir, dass ich mich hinzustellen und einen imaginären Hut vor dem Teufel zu ziehen hatte. Danach sollte ich eine Verbeugung machen und in Bewegungslosigkeit verharren. Selbst diese für mich erdachte Beschämung reichte nicht! Sie spielten ein Lied ab, in dem ich mich abwechselnd verbeugen und den nicht vorhandenen Hut ziehen musste – und das wiederholte sich dann ständig.

Der Teufel persönlich begutachtete mich dabei und gab sein Urteil ab. Zwischendurch erfolgten dann die Kraft- und Turnübungen. Meine Ehefrau hatte es aufgegeben, sich über mich zu wundern, aber als ich dann in der Frühe die Wohnung ausfegte und noch einen kleinen Dauerlauf um den Block absolvierte, da war das Maß für sie voll. Sie stellte mich zur Rede und fragte ganz ungeniert, ob ich denn nun völlig durchgeknallt sei. Zur Einlieferung in die Nervenklinik reichte es wohl noch nicht, aber das Damoklesschwert einer Einweisung hing auch nach dieser Nacht wieder über mir.

*

Diese Nacht war es, nach der ich endgültig mit den Teufeln und der Hölle brach. Auf keine meiner Fragen hatte ich Antwort bekommen. Keine Logik der Welt konnte erklären – so dachte ich damals – warum gerade mir ein solches Missgeschick zustoßen musste. Ich war vorläufig ganz unten angelangt, fühlte mich völlig allein gelassen mit den überaus existentiellen Fragen. Wo sollte das noch enden? Wann würde es einen Schlusspunkt geben? Was sollte und konnte ich noch tun?

## 23.

Wir freuten uns auf unseren Urlaub – es sollte auf eine griechische Insel gehen. Kurz vor der Abreise meldeten sich die Teufel wieder und begannen, mir den Urlaub verbieten zu wollen.

Ich müsse in Deutschland bleiben, damit sie jederzeit die Kontrolle über mich behalten könnten. Das ging mir ja nun doch entschieden zu weit – ich lehnte ihr Ansinnen kategorisch ab, nach einem Urlaubsort in Deutschland zu suchen. Nein, antworteten sie, wenn ich ihre Forderung nicht erfüllen würde, müssten sie mich töten.

Meine Antwort war fatalistisch: Wenn es denn nicht anders ginge, müssten sie mich eben töten.

Nach einem heftigen Schlagabtausch billigten die Teufel mir schließlich den Urlaub im Ausland zu, betonten aber, sie würden mich über ihren Suchdienst ausfindig machen, sollte ich im Ausland bleiben. In der Folge ging es immer wieder hin und her – einmal erlaubten sie, ein andermal verboten sie.

Irgendwann war dieses Spiel langweilig geworden und sie kamen auf eine andere Idee: Der ranghöchste Teufel schockierte mich mit seiner Drohung, das Flugzeug abstürzen zu lassen, mit dem wir nach Griechenland fliegen wollten. Das war eine Aussage, die mich in massive Gewissenskonflikte stürzte, weil noch viele andere Menschen in Mitleidenschaft gezogen worden wären. Ich fühlte mich kurz vor dem Abflug in den ersehnten Urlaub in einem heftigen Dilemma. Da ich jedoch zunehmend das Gefühl bekam, dass sich die Teufel nur immerzu aufplusterten, und jetzt eine Entscheidung zu treffen war, beschloss ich, bei unserem Vorhaben zu bleiben. Ich überlegte, dass sie es nicht wagen würden, ein Flugzeug abstürzen zu lassen, nur um mich in Deutschland zu behalten.

Das Flugzeug kam sicher am Zielort an und der Urlaub in Griechenland wurde sehr schön.

*

Es war das erste Mal, dass ich trotz großer Ängste und Zweifel so entschieden meinen Willen durchzusetzen begann. Ich hatte das Gefühl, dass es an diesem Punkt um meine Selbstachtung gegangen war. Allerdings war es die bisher schwerste Entscheidung. Darf ich, Andreas, so viele Menschen in Gefahr bringen? Ich hatte Gott und alle guten Geister angerufen, um uns, also den vielen Unbeteiligten und mir, zu helfen.

Es war für mich ein sehr schwieriger Weg. Irgendetwas in mir gab mir aber die Kraft, ihn zu gehen, um den Teufeln Paroli zu bieten. Dass es schließlich mit der glücklichen Landung in Griechenland so kam, wie ich es in meinen Gebeten erfleht hatte, stärkte mich enorm in dem Kampf gegen die drangsalierenden Teufel und die Hölle.

## 24.

Der Druck steigerte sich von Schub zu Schub immer mehr.

Jetzt drohten die Teufel damit, mich mittels Bombenfliegern zu töten. Diese Bomberjets würden ihr Ziel niemals verfehlen, denn sie würden über so etwas ähnliches wie Richtfunk gesteuert.

Die Teufel teilten mir mit, dass mehrere Bombenflieger auf mich gerichtet seien und ich mir endlich der Folgen meiner Sturheit bewusst werden sollte. Ich solle jetzt schlicht und einfach nachgeben. Sie veranlassten mich, die Nähe anderer Menschen zu meiden, denn nach ihrer Aussage wäre die Sprengkraft der Bomben enorm.

Das Schlimmste jedoch: Der notwendig werdende Start nur eines Bombenfliegers würde mit Sicherheit der Auslöser eines Krieges zwischen Himmel und Hölle sein. Ich hätte es jetzt also in der Hand, ob ich den Krieg verantworten wolle oder ob ich einlenken würde.

*

Solche Drohungen verstärkten den psychischen Druck enorm und nahmen mich sehr mit. Sie produzierten Gewissensnöte und immer wieder von anderen Menschen nicht zu verstehende Aktionen. Buchstäblich mied ich jeden noch so kleinen Kontakt zu Menschen. Ich wich bewusst auf die andere Straßenseite aus, wechselte mit Bekannten nur die nötigsten Worte. Ich brach Gespräche aus allerlei Ängsten heraus ab, denn die Anderen könnten durch mich in Gefahr geraten. Ich selbst sah mich als bösen Fremdkörper in dieser Welt, denn Geister und Teufel könnten möglicherweise über meine Person und Anwesenheit weiteres Unheil stiften. Ich verabscheute mich ungemein, denn in mir war nur noch der blanke Hass, der nicht wusste, wohin und gegen wen er sich als Nächstes richten sollte. Alle guten Vorsätze für ein Verstehen der verborgenen Welten waren zerbrochen. Ich sah keine Hoffnung, kein Licht mehr. Die Hoffnungslosigkeit bezog sich auf alle Lebensprozesse, denn Liebe und Verständnis hatte ich – so glaubte ich jedenfalls – für immer verloren. Die Ängste waren ins Unermessliche gestiegen.

Das Motto »May be yes, may be no!«, verbunden mit der Analyse von Ursache und Wirkung, sowie die anstrengende, aber klare Abgrenzung von den Stimmen brachten mich schließlich nicht von meiner Haltung ab, niemals zu unterschreiben. Irgendwann müssen ihnen doch die Gemeinheiten ausgehen, dachte ich und hoffte immer wieder auf ein baldiges Ende der Quälereien. Doch es sollte noch schlimmer kommen.

## 25.

Eines Tages teilten mir die Teufel mit: Es sei nun Zeit, endgültig zu sterben. Das sei jetzt, nach allem, was geschehen sei, unausweichlich und unaufschiebbar. Die Teufel forderten mich auf, Vorbereitungen zu treffen, diese Welt zu verlassen.

Sie gaben mir Ratschläge, wie man am besten sterben würde. Entscheidend wichtig dabei sei, sich nicht dagegen zu sträuben. Ich müsse also ganz ruhig daliegen, flach atmen und auf den Tod warten.

Als ich so dalag, ohne etwas gegen die Stimmen ausrichten zu können, informierten sie mich von Zeit zu Zeit, wie weit es gerade mit dem Sterben sei. Diese Prozedur ging meistens über die gesamte Nacht und irgendwann gegen Morgen teilten sie mir mit, dass ich nicht richtig, also fehlerhaft, versucht hätte zu sterben. Sie seien gezwungen, die Prozedur auf eine der nächsten Nächte zu verschieben.

Insgesamt wiederholte sich das an die zehn Mal. Man konnte es als so etwas wie Scheinhinrichtungen bezeichnen. Auf jeden Fall war ich beseelt von dem Gedanken, in Ehren zu sterben und niemals die Seele zu verkaufen. Ich wollte die Seele rein halten und sie in diesem Zustand einmal Gott wieder übergeben.

*

Diese Übungen, fast täglich dem Tod entgegenzugehen, blieben nicht ohne Folgen auf meine Psyche. Ich wurde noch depressiver und noch mehrere Jahre danach fühlte ich mich dem Tod näher als dem Leben auf dieser Welt. Auch als ich schließlich ziemlich frei war von Stimmen, blieben die Depressionen als ständiger Begleiter. Es war wie verhext, ich kam von der Vorstellung nicht los, in der unmittelbar nächsten Zeit sterben zu müssen.

In meiner Todessehnsucht legte ich mir zurecht, dass ich doch im Leben schon alles erreicht hätte. Wir – meine Ehefrau und ich – hatten zwei gesunde Kinder großgezogen, also den Fortbestand der Gattung Mensch betrieben, hatten gearbeitet – und damit war das Wesentliche doch geschafft. Was hielt mich also vom baldigen Sterben ab? Nichts, so war ich überzeugt!

Die tiefe Depression ging so weit, dass ich keinen Draht mehr fand zu anderen Menschen, zu ihren Sehnsüchten, Wünschen und Problemen. Ich war wie abgeschnitten, einerseits im Bewusstsein, dass mich keiner mehr verstehen konnte, und andererseits in dem Bewusstsein der völligen Bedeutungslosigkeit des Tuns anderer Menschen. Ich fand nicht einmal mehr Worte, mit anderen Menschen Kontakt aufzunehmen.

Es war ein sehr tiefer Zustand der Depression eingetreten, auch deshalb, weil ich – wie von den Stimmen unter Todesdrohungen befohlen – über meine Erlebnisse nicht sprechen durfte und mich offenbar ja ohnehin kein anderer wirklich verstehen konnte. Erst viel später gab es dann mehrere Menschen, die mich aufrüttelten. Sie konfrontierten mich damit, dass sie meine Haltung unmöglich fänden.

Eine junge Frau, die ich übrigens sehr schätze, sagte ganz aggressiv: »Andreas, merkst du nicht mehr, dass du Mist baust? Deine nette Frau hat nicht so lange ausgehalten, dass du jetzt über den Tod schwafelst. Nimm dich gefälligst zusammen, oder du bekommst es mit mir zu tun!« Das waren klare Worte.

Auch einem Freund habe ich viel zu verdanken. Er sprach sehr bildhaft zu mir und mahnte eindringlich: »Hinter jedem Schatten ist ein Licht, sonst wäre der Schatten ja nicht da. Suche, indem du die Dinge oder dich zum Licht bewegst, immer, so lange du kannst, so lange, bis du es findest!« Dieses Bild gefiel mir und begleitet mich nun durch eine immer schöner werdende Welt. Erst durch diese beiden Aussagen merkte ich, dass ich etwas an mir verändern musste.

## 26.

Dann kam in einem der Schübe ein etwas merkwürdiger Teufel in meine Stimmenwelt. Er schien vertrottelt und väterlich, so, als habe er ungeahnte Erfahrungen mit so Widerspenstigen wie mir. Auf die Frage, wer er sei, sagte er ruhig, dass der Gevatter Tod gekommen sei. Ich solle mich zum Sterben bereithalten. Ich antwortete ihm, ich sei bereit und er könne jederzeit beginnen. Schließlich machte ich ihm noch Vorschläge, wie er es am besten bewerkstelligen könne.

Das brachte offenbar den »Gevatter Tod« dazu, seine Taktik zu ändern. Fortan beschimpfte er mich als Unmenschen. Keiner der Menschen, die er kennen gelernt habe, wolle freiwillig sterben, alle würden sie um ihr Leben betteln. Er, der Gevatter Tod, käme erst wieder, wenn ich es mir anders überlegt hätte. Nein, sagte er, er wolle heute schon eine Frist setzen – und diese Frist betrüge 200 Jahre. In 200 Jahren würde ich es mir gründlich überlegen können.

Diese 200 Jahre hatte ich ihm in den Mund gelegt, wogegen der Teufel, der stets die Interessen der Hölle wahrte, Protest einlegte. 200 Jahre, das hätte bedeutet, dass Andreas ein Weltwunder werden würde und das könne er absolut nicht mittragen. Also einigte man sich schließlich nach einer längeren Diskussion auf 130 Jahre. Nach diesem »Kompromiss« würde ich also mindestens 130 Jahre alt.

Dies war ein erneuter Versuch, mich einzuschüchtern. Noch nachhaltiger blieb mir die nächste Begebenheit im Gedächtnis:

Die Teufel fingen an, mit mir spielen zu wollen. Sie änderten schlagartig den Ton, hatte doch die Todesdrohung angeblich keine Wirkung mehr auf mich. Mir wurde äußerst brutal, so, wie ein Buchhalter Fakten und Zahlen nennen würde, aufgezählt, wer aus meiner Verwandtschaft sterben müsse, wenn ich nicht endlich zur Vernunft kommen würde.

Sie nannten die Verwandten mit Namen, Adresse, Datum und Uhrzeit des Todes – in schneller Reihenfolge. Alles sollte innerhalb von zwei bis drei Monaten geschehen.

Mir stockte der Atem. Das hatte ich nicht erwartet! Bisher hatte immer gegolten: Alles was mich betrifft, mag nicht so schlimm sein, aber es möge bitte anderen Menschen kein Leid zugefügt werden. Nun war diese Schallmauer durchbrochen worden.

Ich war verzweifelt und wusste nicht mehr weiter. Fast ohnmächtig vor Angst bat ich Gott um Hilfe, so wie ich es schon öfter getan hatte. Ob es eine Stimme war oder nur ein tiefes Gefühl, vermag ich heute nicht mehr zu sagen. Plötzlich breitete sich in mir die Erkenntnis aus: »Der Tod ordnet sich der Vorsehung unter, und niemand kann das ändern.« Es schlug wie ein Blitz ein: Der Teufel oder die Teufel können das alles gar nicht verwirklichen, was sie so vollmundig versprechen. Auch sie müssen sich der Vorsehung unterordnen!

Und ich spürte, dass meine Erfahrungen über die vergangenen Jahre die Richtigkeit dieser Erkenntnis bestätigten.

*

Jetzt war es heraus. Es fiel mir wie Schuppen von den Augen, dass ich über viele Jahre – es waren insgesamt elf bis zwölf – nur irgendwelchen Fiktionen gefolgt war. Ich wusste nun: Wie ritterlich ich mich auch benommen haben mochte, war ich doch ständig vor der Todesangst davongelaufen.

Sicher – so müsste man annehmen – hätte jedes Kind diese Erkenntnis schon wesentlich früher haben können.

Aber es handelte sich nach meinem Erleben um wahre Vorgänge – nur eben nicht für jeden hörbar. Für einen Schizophrenen wie mich waren die Stimmen real, bedrohlich real – und die Todesängste waren es auch.

Die fast nicht mehr aushaltbare Situation war nun plötzlich zum Wendepunkt im Verlauf meiner Krankheit geworden. Bis auf kleinere Schübe tauchten in der Folge keine markanten Stimmen mehr auf. Mit der grundlegenden Erkenntnis, dass diese Stimmen logen, sind sie späterhin auch grundsätzlich ausgeblieben. Jetzt kann ich manchmal, wenn ich will, einige Stimmen hören. Sie sagen aber nur ganz leise das, was ich gerade denke. Deshalb kann ich mich auch nicht als geheilt betrachten.

In der Rückschau stelle ich fest, dass ich innerhalb der Krankheit, so schmerzlich das manchmal auch war, mehr über menschliche Abgründe gelernt habe, als in meinem ganzen Leben zuvor. Es waren Erfahrungen, die sich für mein heutiges Leben gelohnt haben, obwohl meine Verhaltensweisen von meinen Angehörigen oft schwer auszuhalten waren und auch ich sehr unter der Krankheit gelitten habe.

Sie, die Krankheit, hat mir ein neues Denken, eine neue Herangehensweise an das große Thema von Leben und Tod vermittelt. Sie lässt mich bewusster und gelassener mit dem Leben umgehen.

# Teil 2

# Aufbruch aus dem Angstkäfig

Trotz der Ankündigung der Hölle, dass ich früher sterben würde, lebe ich noch und viel besser, als ich mir das je vorstellen durfte. Ich glaube, die letzten Jahre waren die intensivsten in meinem Leben, denn sie haben mir wieder ein lebenswertes Dasein gebracht. Ich habe die Probleme mit den Stimmen – nicht nur innerlich, sondern auch »im richtigen Leben« – weitgehend lösen können. Die Bearbeitung ist vor allem ein Weg der Selbsterkenntnis geworden. Darüber will ich in diesem zweiten Teil berichten.

Aufgehört hat der erste Teil mit der Erfahrung, dass ich nicht Opfer böser Stimmen sein muss, sondern durchaus die Möglichkeit habe, mich über die Stimmen zu stellen und »Herr im eigenen Hause« zu werden. Diese Erkenntnis war übrigens die erste, die ich beim Netzwerk Stimmenhören e.V. bestätigt bekam. Ich bin also nicht im eigenen Saft stecken geblieben, sondern habe mir Verbündete gesucht, die ich beim Selbsthilfeverein für Stimmen hörende Menschen fand.

Im Oktober 1999 bin ich bereits seit fast zwei Jahren praktisch stimmenfrei gewesen. Lediglich erzählten Stimmen leise das, was ich dachte – ein durchaus erträglicher Zustand. Später, etwa im Jahre 2000 konnte ich Stimmen wieder empfangen, wenn ich in die Meditation ging. Ich kann sie dadurch heute noch rufen und wieder wegschicken. Damals, im Jahre 1999, habe ich beim ersten Teil dieses Buches gegen die Angst angeschrieben, habe trotzig den Stimmen gezeigt, dass ich mich nicht mehr einschüchtern lasse und bei Strafe des eigenen Untergangs den Stimmen Paroli bieten wollte. Dieser Schritt ist ein markanter Punkt in der Bewältigung der »Krankheit« geworden. Damals sah ich es noch als Krankheit an.

Bereits in der Zeit von 1997 bis 1999 habe ich meine Einstellung zu den Stimmen gründlich geändert. Notizen aus dem Jahre 1999, die ich hier zitieren möchte, dokumentieren dies sehr deutlich:

»Als Erstes ist über mich ein Gefühl der Überlegenheit gegenüber den Stimmen gekommen. Das war ein qualitativ neues Gefühl. Früher habe ich mich klein und hässlich gegenüber den Stimmen gefühlt und wertete sie in dem Maße auf, wie ich ihr Befehlsempfänger wurde. Die Stimmen haben geredet, geschimpft, gedroht, ich aber war es, der gehandelt hat und vor allem handeln kann. Nur durch mein Handeln, meistens dabei sehr irrational, bekamen die Stimmen eine materielle Gewalt. Also bin ich es, der im Verhältnis zu den Stimmen der entscheidende Faktor ist. So wuchs Stück für Stück das Gefühl der Stärke. Heute bin ich weit davon entfernt, ein Befehlsempfänger der Stimmen zu sein und künftig zu werden.

Bemerkenswerterweise sind seitdem die Stimmen nicht mehr wiedergekommen. Jedoch habe ich noch einige Male danach einen unspezifischen Spannungszustand im ganzen Körper verspürt, besonders im Herbst, wenn die Heizkörper beginnen zu rauschen. Mit solchen Spannungszuständen hat es immer angefangen. Dann lasse ich mich medikamentös von meinem Psychiater einstellen, obwohl ich weiß, dass Nebenwirkungen auftreten können.

Das gewachsene Gefühl der Überlegenheit über die Stimmen hat prinzipiell noch keines der anstehenden Probleme gelöst. Die depressiven Zustände sind geblieben, die Einstellung zu Nutzen und Wert des eigenen Lebens hat sich nicht wesentlich verbessert...

Mit der Zeit ist die Depression zurückgetreten oder zurückgedrängt worden, die Einstellung zu Lebensprozessen, besonders meiner eigenen, hat sich wesentlich verändert. Auch die Fähigkeit, am Leben als vollwertige Person teilzunehmen, hat sich wieder entwickelt. Jetzt bin ich dabei, mich in Gedanken der gesamten Natur, der Schöpfung Gottes, zu öffnen. Ich habe festgestellt, dass ich immer noch Angstgefühle gegenüber unvorhergesehenen Verletzungen meiner Seele habe. Mit der bewussten Öffnung meines eigenen Selbst will ich aktiv diesen Ängsten entgegentreten. Das heißt, dass ich bereit bin, mich wieder dem vollen Leben mit allen positiven wie negativen Seiten zu stellen. Natürlich stelle ich die Frage auch umgekehrt. Wenn ich in der Lage bin, mich elementaren Lebensprozessen zu verschließen, dann können das andere auch. Es gilt, die Öffnung der Umgebung auch mir gegenüber zu erreichen.

Das ist wohl etwas sehr theoretisch gedacht, bedeutet aber nichts anderes, als dass ich mich wieder voll in die Natur integriere und auch von den Menschen und der Gesellschaft als vollwertiges Mitglied akzeptiert werden möchte. In diesem Prozess befinde ich mich gerade und kenne seine Auswirkungen noch nicht. Ich werde diesen Weg konsequent weitergehen und suchen, wie ich als Schizophrener wieder so gut wie möglich in die Gesellschaft integriert werden kann.«

Diese Passage zeigt, in welche Richtung ich bei der Arbeit mit meiner Psyche gegangen bin und wohl auch experimentiert habe. Dies ist, so schätze ich es heute ein, ein guter Anfang für die Aufarbeitung geworden. Besonders die Inhalte so schwer wiegender Begriffe wie Liebe, Vergebung,

Hass und Angst haben sich mir erschlossen. Das heißt konkret, dass mir in zunehmendem Maße klar geworden war, dass ich mich im Spannungsfeld zweier Pole zu bewegen hatte. Es ging vor allem darum, neben dem negativen Erleben mit den Stimmen Kraft tanken zu können aus dem »Lichtpol«. Heute weiß ich, dass der Pol der Liebe in all seinen Auswirkungen eine ungeheure Kraft spenden kann, wenn man sich ihm nur nähert.

Wenn jemand glaubt, sich in einer entsprechenden Therapie um diese grundlegenden Fragen herummogeln zu können, den kann ich auf meine Erfahrungen hinweisen, die ich als sanfte Selbstheilung verstanden habe. Leider habe ich keine lang andauernde Psychotherapie erhalten, denn Schizophrene brauchen die wohl nicht, so lautete die damalige vorherrschende Lehrmeinung. Gott sei Dank beginnen sich die Ansichten allmählich zu ändern.

Mein Motiv ist seit dem Abklingen der Stimmen stets gewesen, die seelische, geistige und – soweit das geht – die physische Gesundheit wiederherzustellen. Beim Stimmenhören habe ich schlimme Torturen erlitten und habe in dieser Zeit doch nichts anderes gemacht, als zwischen den einzelnen Schüben die aufgeworfenen Probleme zu verdrängen. Verdrängen, so ist heute meine sichere Überzeugung, ist kein gangbarer Weg zur Gesundung oder gar Heilung. Außerdem löst die Verdrängung keine der aufgetretenen Probleme. Ich habe noch während der letzten Schübe erkannt, dass ich beginnen muss, die Heilung auch von innen her, aus mir heraus, zu organisieren. Ich glaube, das ist die zentrale Schlussfolgerung.

Ich habe erkannt, dass ich mich mit meinem Leben, mit meiner persönlichen Geschichte auseinandersetzen muss. Ich will Ihnen, liebe Leserin, lieber Leser, auch etwas davon erzählen. So fange ich »von vorne« an.

## Wie die Stimmen in mein Leben einbrachen

Geboren wurde ich – ein Jahr nach dem Ende des zweiten Weltkrieges – im damals völlig zerstörten Dresden. Dort wuchs ich als sehr strebsamer und den Anforderungen der Eltern folgender Junge auf. Ich schonte die Kleidung mehr, als den Eltern lieb war, und brachte aus der Schule stets eine glatte Eins im Betragen mit nach Hause. Vom Wesen her war ich ein naives Bürschchen, das kein Wässerchen trüben konnte. Auch in der höheren Schulbildung funktionierte ich hervorragend, mir standen prinzipiell alle Bildungswege offen. Gerade kurz nach dem Abitur, als ich erste Enttäuschungen in der Ausbildung als Redaktionsvolontär erlebte, beschloss ich, ein harter und gestandener Mensch zu werden. Eben dieser Entschluss hat dann meine Entscheidung begünstigt, länger bei der Armee der DDR zu bleiben – also die Berufsunteroffizierslaufbahn einzuschlagen. Dort, so habe ich angenommen, würde ich mich zu einem durchaus passablen knallharten Menschen entwickeln. Erst viel später, nach dem Ende des Stimmenhörens, habe ich bemerkt, dass wohl diese Entscheidung der Anfang eines langen Leidensweges gewesen ist.

Zum Ersten entwickelte ich in dieser Zeit schon Ängste, den eigenen Anforderungen nicht gerecht werden zu können. Zum Zweiten kaufte man mir natürlich diesen steinharten Menschen nie richtig ab, so dass ich ständig auf größte Skepsis, sogar auf Ablehnung stieß. Das wiederum spornte mich ständig an, durch bestmögliche Leistungen zu überzeugen und gewissermaßen die Anerkennung auf Kosten der Gesundheit zu erlangen, denn dieser »eiserne Durchhaltewillen« belastete wohl sowohl meine physische als auch meine psychische Konstitution. Die Spirale der Fehlentwicklung begann sich zu drehen.

Irgendwann, am Ende der Armeezeit, fing ich an, mich mit theoretischen Grundlagen der Atomphysik zu befassen. Das wuchs sich in den nächsten Jahren zu einer ungeheuren Kraftanstrengung aus, indem ich mich jagte, den Zusammenhalt der Welt zu erkennen, also so etwas Ähnliches wie die Weltformel zu entwickeln. Es wurde hauptsächlich eine Hatz auf die Gesundheit, denn wenn ich es für notwendig hielt, arbeitete ich ganze Nächte hindurch. Beruflich war ich zu dieser Zeit als Archivar tätig, hatte schon längst eine eigene Familie gegründet und kümmerte mich entsprechend wenig um die Kinder. Aus heutiger Sicht habe ich mich damals in ein Leben eingesperrt, das sehr trostlos war, ohne es allerdings selbst zu merken. Das tut mir heute – vor allem für meine Kinder – sehr Leid.

Die Auseinandersetzung mit meiner DDR-Vergangenheit müsste äußerst kritisch geschehen – ebenso wie ich in der Gegenwart ganz schön nachhakeln würde. Es ist nun aber einmal meine Vergangenheit, die sich DDR-spezifisch gestaltet hat, und ich würde mich schäbig fühlen, nachträglich mich selbst und viele andere mit Schmutz zu bewerfen. Wir haben damals in der DDR genauso gelebt, geliebt und gelacht, geweint und uns gegrämt, wie das in aller Welt der Fall war. Nur uns wurde der »Rest« der Welt versperrt. Ich möchte in der Rückschau lieber den Mantel der Nächstenliebe über die meisten Geschehnisse in der damaligen DDR decken. Auch arbeitswütige und knallharte Typen sind wohl ein weltweites Problem und haben nur sekundär etwas mit den Wertmaßstäben der damaligen DDR zu tun.

Etwa im Jahre 1982 bemerkte ich, dass mich das physikalische Thema, das ich mir selbst als Herausforderung gestellt hatte, total überforderte. Brötchen verdienen geht vor Spaß – so dachte ich und bewarb mich zu einem Geschichtsstudium an der Humboldt-Universität Berlin. 1983 begann ich als 37-jähriger meine Studienzeit im Fernstudium, etwa vergleichbar mit Studienformen auf dem zweiten Bildungsweg. Zu diesem Zeitpunkt waren wir gerade in der Vorbereitung des 275-jährigen Jubiläums unserer medizinischen Einrichtung, bei der ich arbeitete. Also – dachte ich – werde ich genügend Zeit haben, neben meiner Arbeit als Archivar eine detaillierte Geschichte des Klinikums zu schreiben, um diese im 300. Jubiläumsjahr 2010 veröffentlichen zu können. Damit hatte ich schließlich die Lebensplanung schon bis zum Rentenalter vorprogrammiert. Aber natürlich sollte es anders kommen.

Im zweiten Drittel des Studiums passierte das für mich Unfassbare. Erste Stimmen und Geräusche traten auf, so wie zu Beginn des ersten Teils beschrieben. Die totale Katastrophe war für mich nicht, dass ich nun über eine lange Zeit krank sein würde – das sah und fühlte ich nicht im Geringsten. Geschockt war ich vielmehr darüber, dass ich meinen Sinnesorganen nicht mehr trauen konnte. Für einen naturwissenschaftlich ausgerichteten Menschen und eingefleischten Atheisten wie mich bedeutete dies das wahre Inferno. Verwirrende Fragen stürmten auf mich ein: Ist diese Welt, diese Materie real oder nur eine Täuschung? Gibt es wirklich Zwischenwelten, ganz unabhängig von uns und doch im selben Raum? Wie kann ich die volle Wahrheit ergründen und Grenzen überwinden?

Normalerweise gibt es für Töne, Geräusche und Worte eine materielle Ursache, der man nachspüren kann. Beim Stimmenhören fehlt eben diese Ursache, die Suche geht unwillkürlich und immer wieder ins Leere. Jetzt kamen auf einmal Teufel, Hexen und Engel in mein Hörfeld, die ich am allerwenigsten erwartete. Die Verblüffung war enorm und erzeugte ungläubiges Staunen, pures Entsetzen über ein wankendes Weltbild. Ich musste verrückt geworden sein! Das war das Fazit aller Überlegungen. Aber gerade diese Schlussfolgerung passte nicht in mein Bild von mir selbst. Ich habe doch immer funktioniert und so wird das auch in Zukunft sein – das war der Tenor meiner Überlegungen und meines starrsinnigen Willens.

Ich hatte doch noch so viel vor – das Studium beenden, die Akten auswerten... Was sollte aus dem Vorhaben werden, die Geschichte des Klinikums zu schreiben? Es war unvorstellbar, den Gedanken »Ich bin verrückt geworden« überhaupt jemandem anzuvertrauen. Im klassischen Sinne besaß ich damals lange nicht die nötige »Krankheitseinsicht«. Nebensächliche Dinge bekamen den Vorrang, an denen ich mich festzuhalten versuchte. Nur nicht verrückt sein, das hämmerte immer wieder in meinem Gehirn. Interessanterweise habe ich heute diese klassische »Krankheitseinsicht« verloren. Meine Erfahrungen, die ich in den nächsten Abschnitten vorstellen möchte, decken sich mit der Aussage: Stimmen hörende Menschen müssen nicht automatisch krank sein.

## Mein Leben trotz der Stimmen und mit den Stimmen

Im Laufe der ersten elf Jahre des Stimmenhörens rutschte ich in zirka 15 Psychosen. Für mich ergaben sich psychotische Zustände direkt aus den Stimmen, was nicht immer zwangsläufig zu sein scheint. Die Stimmen waren dann nicht nur real, sondern auch so dominant, dass ich aus der Seienswelt in die Scheinwelt der Stimmen hinüberwechselte und die Wahrnehmungen ver-rückt wurden. Eben das Verrutschen der Wahrnehmungen und das Entrücken aus der realen Welt machten meines Erachtens die Psychose aus.

Hätte ich ein Tagebuch geführt, dann wäre es leichter gewesen, über eben diese psychotischen Zustände zu berichten. Die Stimmen, besonders die bösartigen, verboten jedoch beständig, darüber zu sprechen. Ich nahm an, dass auch das Aufschreiben dazugehörte. Diese Psychosen waren eindeutig Produkte der Stimmen, denn die Wahrnehmung realer Sachverhalte verrutschte immer dann, wenn ich meist wochenlang mit eben dieser zweiten »Existenz«, den realen Stimmen, kämpfte.

Es ereilten mich pro Jahr etwa ein bis zwei Psychose-Schübe – in fast regelmäßigen Abständen. Es schien, als würde es ein von den Stimmen aufgestelltes Gesetz geben. Da ich die Stimmen als reale Partner erfuhr, glaubte ich lange Zeit, dass sie eben nur eine bestimmte Dauer bei mir seien und in den Zwischenzeiten andere Menschen in ähnlicher Weise wie mich bewegen würden. Die Psychosen dauerten etwa sechs bis zwölf Wochen und verschwanden in der Regel mit Hilfe von Neuroleptika zeitgleich mit den Stimmen. Ich kehrte zurück zu den anderen Menschen, zu meiner Familie und zu den Alltagsproblemen.

Es bestand also ein unmittelbarer Zusammenhang zwischen Stimmen und Psychosen, so, wie ich das im ersten Teil beschrieben habe. Natürlich kann ich die Inhalte nicht mehr den einzelnen Psychosezyklen zuordnen, aber die Abfolge des psychotischen Geschehens verlief etwa in der beschriebenen Reihenfolge. Ein bis drei Kapitel sind ungefähr jedem einzelnen Zyklus zuzuordnen.

Am Anfang habe ich gestaunt und ungläubig die Mechanismen des Stimmenhörens untersuchen wollen. An der Echtheit der Stimmen konnte ich nicht zweifeln, denn sie waren ja definitiv da. Es war von Anfang an eine Wunderwelt, die ich noch lange aus meinen vorherigen Studien der Atomphysik zu erklären versuchte. Vielstufige Materie- und Energieuniversen entstanden in meinem Kopf, die nicht gerade förderlich waren, nach den eigentlichen Ursachen des Stimmenhörens zu forschen. Am Anfang war es anziehend, oftmals noch recht gemütlich. Ich wurde im Vergleich zu anderen Stimmenhörenden recht sanft in diese Fantasiewelt gezogen, obwohl auch das schon zu ausgewachsenen Psychosen geführt hat. Später musste ich dann feststellen, dass es viele andere Stimmen hörende Menschen wesentlich härter getroffen hat.

Erst die ewigen Kämpfe mit bösen Stimmen brachten einen Stimmungsumschwung. Die so genannte zweite Welt begann entschieden zu nerven, später sogar an der umfassenden Existenz geliebter Wesen und auch mir zu rütteln und es entwickelten sich ganz handfeste Ängste. Die bösen Stimmen hasste ich schließlich wie die Pest und setzte alles daran, gegen alles Böse aus dieser besonderen Welt zu kämpfen. Kampf, unbändiger Kampf wurde die einzige

Antwort während der andauernden Episoden – so, wie ich es im ersten Teil zu beschreiben versucht habe.

Später, ab dem Jahr 1997, als die Stimmen wegblieben, fehlte wieder etwas. Was sollte nun nach den Stimmen kommen? Ich hatte verlernt, beständig in der realen Welt meinen Mann zu stehen. Das reale Leben fand ich übrigens im Gegensatz zur Stimmenwelt stinklangweilig. Es gibt also keine einfache Antwort, die für den gesamten Zeitraum gelten kann.

Eine gewisse Erleichterung trat immer dann ein, wenn die Stimmen weggingen, manchmal sogar als besiegt erschienen. In der Regel zog ich mich danach mental zurück und hoffte, dass nun die letzte Gemeinheit der Stimmen ausgeschöpft sei. Über Ursachen für die Stimmen in meinem Leben und in meinem Treiben verlor ich lange Zeit keinen Gedanken. Irgendwie passten die Gemeinheiten nicht auf mein Leben, so dachte ich. Heute weiß ich, dass dieses Verhalten nichts weiter als pure Verdrängung war.

Andererseits musste ich die Zeiten zwischen den Schüben nutzen, alle Arbeiten, die liegen geblieben waren, schnellstmöglich nachzuholen. Als Archivar im Klinikum hatte ich einen Einzelarbeitsplatz, der wenig kontrolliert werden konnte. Lediglich die nicht aufgearbeiteten Akten machten das erhebliche Ausmaß der noch zu erledigenden Arbeit deutlich. Natürlich registrierten die Kolleginnen und Kollegen, die in der Universität beschäftigt waren, meine Verfassungswechsel, denn mein oftmals leerer Blick, meine nicht zu übersehende geistige Abwesenheit und schließlich die sieben Klinikaufenthalte in dieser Zeit ließen unschwer erkennen, dass mit mir etwas »passierte«.

Alle Unterstützungsangebote lehnte ich jedoch trotzig ab. Natürlich merkte ich in lichten Momenten, dass man über mein merkwürdiges Verhalten immer im Bilde war.

Noch schlimmer traf es den engeren Familienkreis. Ich bitte um Verständnis, dass ich zum Schutz meiner Familie nur einige wenige Details aufschreiben möchte. Tochter und Sohn waren zu Beginn meines Stimmenhörens schon im jugendlichen Erwachsenenalter. Der Sohn erfuhr in seiner Armeezeit und während der Gründung seiner eigenen Familie kaum etwas Genaueres über meine Verhaltensweisen. Dagegen brach die Tochter mehrmals in Tränen aus, wenn sie mich während der psychotischen Schübe ansah. Ich selbst wunderte mich und stellte mir die Frage: Was habe ich denn getan?

Genau das war das Problem. Ich hatte nichts getan, lebte in der fantastischen Welt, nahm nichts Äußeres mehr wahr und muss wohl einen sehr leeren Blick gehabt haben. Das Elend war perfekt. Als Familienvater und Ehemann fiel ich zumindest während der Schübe völlig aus. Da ich auch nicht über meine Erlebnisse sprach, konnte sich niemand vorstellen, was mit und in mir wirklich geschah.

Nach den Schüben fiel es mir äußerst schwer, wieder einigermaßen den Anschluss zu gewinnen. Wirklich in die Hand nahm ich auch dann nichts. Entscheidungen mussten zwangsläufig über meinen Kopf hinweg getroffen werden. Für meine Frau war es der blanke Horror, besonders dann, wenn eine neue Psychose ausbrach. Sie bekam Angst, dass ich mir etwas antun könnte, und übergab mich zumindest bei den anfänglichen sechs bis sieben Schüben an Psychiater in der Nervenklinik. Danach wachte sie genau über die konsequente Einnahme der verordneten Psychopharmaka.

Noch heute bin ich ihr sehr dankbar, dass sie sich um mich gekümmert hat und die schwere Zeit bei mir geblieben ist. Das ist das Beste, was einem Stimmen hörenden Menschen passieren kann, wenn der familiäre Rückzugsraum erhalten bleibt, wenn liebe Menschen da sind, die uns auffangen können und wollen. Ich glaube, den tapferen Angehörigen gehört zuallererst unser Dank und unsere Liebe. Diese Aussage ist auch deshalb wichtig, weil manches Klinikpersonal aus Unkenntnis oftmals herablassend gegenüber Angehörigen auftritt.

Ich selbst war innerhalb eines Schubes immer interessiert, nur einmal die Probleme, die auf mich in der Stimmenwelt einstürzten, zu Ende zu bringen. Gott sei Dank ist durch die Aufmerksamkeit meiner Frau nie etwas daraus geworden. Damit wurde stets der selbstzerstörerische Zyklus unterbrochen. Man muss dazu wissen, dass regelhaft meine irrationalen Handlungen zugenommen haben, je länger die Schübe dauerten.

Liest man den ersten Teil dieses Buches, ist unschwer zu erkennen, dass psychische Gewalt einen hohen Stellenwert bekommen hatte. Seien es gewalttätige Drohungen oder auch Handlungen, die ich selbst ausführen musste. Zum Beispiel lag ich eine ganze Nacht völlig bewegungslos da und traute mich kaum, mit den Wimpern zu zucken. Wo sollte sich so etwas entladen? Glücklicherweise habe ich diese Gewalt fast nie weitergereicht, denn ich überlegte mir, dass niemand aus meiner Umgebung wirklich etwas für die Stimmen könne. Stimmen hörenden Menschen möchte ich sagen, dass entäußerte Gewalt, begangen an Menschen und irgendwelchen Dingen, keines der Probleme lösen kann.

Heute nehme ich an, dass meine schon vor dem Stimmenhören wesentlich gestörten Gefühle Hauptursache für das Stimmenhören geworden sind. So habe ich viele Entgleisungen in Denk- und Gefühlsstrukturen als völlig normal empfunden.

Wo blieben Liebe, Freude, Freundschaft, Toleranz und Nachsicht? Schlimmer noch, Ängste, Befürchtungen und schließlich unbändiger Hass waren meine ständigen Begleiter. Mächtige Ängste, die stärksten Feinde von Freiheit, bestimmten zunehmend mein Denken. Ich sperrte mich regelrecht selbst in dieses Angstgefängnis, in dem die Gitterstäbe durch mich kaum zu demontieren waren. Angst bestimmte meine Begegnung mit den Stimmen und Angst hatte ich teilweise vor jedermann, denn niemand sollte jemals etwas über die Inhalte meines Stimmenhörens erfahren. Ich fürchtete um das Leben meiner Verwandten, Bekannten und insbesondere um mein eigenes Leben. Angst hatte ich vor jeder äußeren Veränderung. Hass empfand ich vorwiegend gegen die böse agierenden Stimmen. Von außen war ich ein gebrochener Mann, depressiv geworden und nach innen hässlich und vergiftet von bösen Gedanken und Gefühlen.

So war die Situation am Ende des Stimmenhörens. Nichts war geblieben von der Faszination am Anfang. Und dann drohten die Stimmen, meine ganze Familie zu ermorden. Sie kennen den Ausgang – die wahre Katastrophe und der Neubeginn einer ganz anderen Ära – erst einmal im Umgang mit mir selbst.

## Wie ich lernte, zu reflektieren und mit den Ängsten umzugehen

Mit äußerster Kraftanstrengung konnte ich das Studium trotz mancher Klinikaufenthalte erfolgreich abschließen. Besonders schwierig gestaltete sich die Fertigstellung der Diplomarbeit zur Geschichte der Verwaltung unseres Klinikums in der antifaschistisch-demokratischen Umwälzung nach 1945. Eben dieser Abschnitt fehlte noch in der Aufarbeitung.

Die Grenze zum Machbaren hatte ich wohl schon überschritten. Weitere psychotische Schübe machten mir das Leben auf der Arbeitsstelle schwer.

Schießlich, im Jahre 1995, verlor ich die Arbeit und wurde wenig später in das Rentenverhältnis übernommen. Leider hat sich der Traum nicht mehr erfüllt, als Historiker arbeiten zu dürfen. Nach diesen einschneidenden Ereignissen begann ab 1995 eine konsequentere Auseinandersetzung mit dem Stimmenhören. Auch stellte ich mich erstmals ernsthaft den Fragen »Warum?« und »Warum gerade ich?«. Das waren die entscheidenden Fragen, weil sie am Anfang einer ganzen Fragenkaskade standen. Immer neue Fragen brachten neue Antworten hervor, an deren Ende die Erkenntnis stand: Nicht die Stimmen, nicht andere Menschen, nicht die Verhältnisse sind es, die einer grundsätzlichen Klärung bedürfen, sondern eher die Änderung von mir selbst. Eigene erworbene Muster im Denken, Fühlen und Handeln waren offenbar unbrauchbar geworden. Und eben dies übermittelten mir die Stimmen. Also deshalb: Ich!

Die Zeit des Verdrängens ging damit ihrem Ende zu – und zwar in dem Maße, wie die Stimmen durch ihre Aktivitäten mich und andere angeblich an Leib und Leben existentiell gefährdeten. Ich musste mich mit ihnen und ihrem Anliegen auseinander setzen.

Die Zeit von 1996/97 bis 1999 wurde so zu einer Zeit des Umdenkens und Umlenkens. Wichtig war, dass ich bis zum Jahre 1997 nicht in eine fundamentale Opposition gegenüber allen Stimmen gegangen bin. Wichtige Aussagen habe ich wohl mitbekommen, denn ich weiß, dass ich immer sehr verwundert war, wenn mir Stimmen aus meiner Vergangenheit vergessene Begebenheiten vorhielten. Trotz aller negativen Gefühle gab es eine gewisse Achtung vor den Leistungen der Stimmen. Sicher haben mich die Stimmen nicht ständig malträtiert und vor allem grundlos traktiert.

Das Umdenken setzte zu dem Zeitpunkt ein, als ich zur Überzeugung gelangt war: Die Stimmen können nicht alles! Ich erinnere mich genau an die entscheidende Situation. Eines Nachts, ich konnte nicht schlafen, wanderte ich durch das Wohnzimmer und schnipste mit dem Finger. Mit voller Überzeugung erzählte ich den Stimmen: »Und jetzt seid ihr meine Untertanen!« Daraufhin wendete sich das Blatt grundlegend.

Endlich begann nun eine Zeit der inneren Arbeit mit mir selbst. Ich fühlte mich nun wieder als vollwertiger Mensch und stellte fest, dass wir Menschen unsere Verhältnisse selbst bestimmen können. Also sind wir kleine Götter, denn wir denken, fühlen, handeln und können zudem uns selbst und unsere Umwelt verändern. Wenn ich also ein kleiner Gott bin, dann sind das allerdings sechs Milliarden Menschen auf der Erde auch. Ich habe mich erst einmal so aufgeplustert, dass ich wieder stolz wurde, ein Mensch zu sein. Natürlich habe ich die Demut vor Gott nicht verloren, eher im Gegenteil. Wenn Gott uns Stimmen schicken kann, dann ist er wohl unergründlich. Bei der Betrachtung der Natur fiel es mir wie Schuppen von den Augen – Wunder über Wunder! Alles, was früher selbstverständlich war, stellte ich plötzlich in Frage. Alles an Gottes Schöpfung kam mir neu und vor allem wertvoll vor. So sprossen wieder erste zarte Pflänzchen positiver Gefühle und Gedanken.

Ich erwartete neue Angriffe der Stimmen. Besonders mit meinem gewachsenen Selbstbewusstsein wollte ich ihnen Paroli bieten.Tatsächlich machten sich mehrere innere Spannungszustände bemerkbar, mit denen das Stimmenhören und die Psychosen immer begonnen hatten. Ich nahm auch, so wie früher, vermehrt Psychopharmaka ein. Aber die Stimmen kamen nicht wieder. Mich irritierte eher ein ständiges Raunen von Stimmen. Dem ging ich nach und musste feststellen, dass diese Stimmen nur das wiederholten, was ich gerade dachte. Sie waren also dazu übergegangen, meine Gedanken nachzuplappern. Das war ein durchaus erträglicher Zustand. Fremd erscheinende Gedanken behinderten nun nicht mehr die Erarbeitung neuer Lebensstrategien. Lass doch die Stimmen ruhig nachplappern, dachte ich und hoffte inständig, dass sich das bisher übliche Psychosegeschehen nie mehr wiederholen würde. Tatsächlich ist dieser Wunsch bis auf ein einziges Mal – nach der anstrengenden Vorbereitung eines großen Kongresses zum Thema Stimmenhören – in Erfüllung gegangen.

Die ewigen Todesdrohungen der Stimmen während der Psychosen hatten auch gezeigt, dass ich mir einen völlig neuen Zugang zu den Themen Leben und Tod zu erarbeiten hatte. Diese Problematik war ja durch die fundamentale und befreiende Erkenntnis, dass sich der Tod der Vorsehung unterordnen würde, aus den Händen der Teufel in die Hände Gottes gelangt.

Den Stimmen war also demgemäß der Zugang zur Möglichkeit, über Leben und Tod zu entscheiden, versperrt. Mir war dieser Zugang ebenfalls versperrt. Also, warum sollte ich dann um mein Leben, um das Leben anderer Menschen mit den Stimmen weiterkämpfen? Fragen, die das Tun und Treiben der letzten zehn bis elf Jahre auf den Prüfstand stellten.

Solche Gedanken befreiten mich zum Beispiel von dem selbstgewählten Zwang zu kämpfen, immer wieder zu kämpfen. Sind die Stimmen wirklich meine Feinde? Das wurde zu einer entscheidenden Frage, die ich erst viel später richtig beantworten konnte. Das ganze Gebäude meines Tuns im bisherigen Leben geriet ins Wanken. Natürlich brauchte es lange Zeit, diesen Komplex wirklich effektiv bearbeiten zu können. Erste Gedanken stellten Inhalte in Frage, die ich bisher als Lebenszweck angesehen hatte:

Einen großen Schreck bekam ich, als ich allgemein über Menschlichkeit nachdachte und ganz konkret meine Rolle dabei zu untersuchen begann. Als ehemals überzeugter Sozialist musste ich feststellen, dass gerade der Sozialismus das selbstgesteckte Ziel einer menschlicheren Gesellschaft eklatant mit Füßen getreten hatte. Wenn bisher noch kein politisches System Menschlichkeit produziert hat, dann ist es wohl Pflicht eines jeden Einzelnen, diese Menschlichkeit aus sich selbst hervorzubringen. Wie menschlich hatte ich mich gegenüber meinen Nächsten gezeigt? Es dämmerte langsam die Erkenntnis, dass ganz konkret von mir die heilenden Charaktereigenschaften wie Verständnis für andere Menschen, Langmut, Geduld und Freundlichkeit im Denken und Fühlen verlangt würden. Und hatte ich diese Eigenschaften nicht schon im Kindes- und Jugendalter besessen? Wenn ich wollte, dass eventuelle zukünftige Stimmen wieder friedlich würden, musste ich selbst mein Bewusstsein mit so viel Frieden und Freundlichkeit anfüllen, wie es irgend ging.

Auch das ununterbrochene Arbeiten, ohne sich Pausen zu gönnen, geriet natürlich in die kritische Betrachtung. Ich wollte alle meine Kraft für den Fortschritt in meiner unmittelbaren Umgebung einsetzen und hatte buchstäblich vergessen, dass Kraft auch Kraftschöpfen voraussetzt. Verbrämt hatte ich diesen Raubbau am Körper mit üblichen Phrasen vom schöneren Leben in einer sozialistischen Zukunft. Mein Lebenszweck sollte die Arbeit sein und ich musste schließlich einsehen, dass ich völlig planlos an diese ernste Sache herangegangen war. Aber auch das kompromisslose Auftreten gegenüber der Familie und Freunden ließ mich späterhin Scham empfinden.

Gravierend scheint mir bei dieser nachträglichen Betrachtung, dass ich offenbar einen Wechsel vornehmen konnte. Nicht mehr die Vorwürfe gegen andere Menschen und Verhältnisse spielten die entscheidende Rolle, sondern die kritische Betrachtung meines eigenen Handelns und meiner eigenen Gefühls- und Gedankenwelt. Die Ängste, über viele Jahre aufgebaut, ließen sich nicht so einfach abtöten. Ich bemerkte, dass Angstkonstruktionen nicht vorwiegend durch logische Überlegungen zu bekämpfen sind.

Es musste mehr getan werden. Ich hatte mich ja regelrecht selbst in ein Angstgefängnis geschlossen. Zeit war es nun, über die Vorgänge in der Stimmenwelt mit anderen Menschen zu sprechen. Nur so konnte ich allmählich die Gitterstäbe lockern, denn gerade das Sprechverbot hatte ja die Kommunikation überhaupt unterbrochen.

Eigentlich hatte ich Gespräche über die inneren Welten mit Psychiatern gewünscht, aber sie interessierten sich nur sehr beiläufig für die Inhalte beim Stimmenhören. Also begann ich, immer dann zu sprechen, wenn ich Alkohol getrunken hatte. Aber ich merkte, dass unsere Wahrnehmungsebenen, meine und die der Zuhörenden, sich doch wesentlich unterschieden.

Die Zuhörenden konnten eigentlich nur feststellen, dass ich irgendwelche unverständlichen und »durchgeknallten« Probleme hatte. So ging der erste Versuch zu sprechen, gründlich daneben. Als mir damals durch die Stimmen angeboten worden war, Jesus Christus zu werden, fragte ich meine Frau voller Ängstlichkeit und Spannung, was sie davon halten würde, wenn ich der neue Jesus würde? Sie war entsetzt, denn das Schlimmste für sie war eingetreten – ich litt nun also auch noch an ausgewachsenem Größenwahn in Verbindung mit einer paranoiden Schizophrenie. So gründlich können Versuche, aus dem Angstgefängnis zu entweichen, scheitern.

Ich war zu dieser Zeit deutlich depressiv, fatalistisch und, ohne eine Erklärung für diesen Zustand zu haben, auch noch todesmüde. Freunde, denen dies zu viel war, sagten mir in deutlichen Worten, dass sie das für indiskutabel hielten. Ich musste also mehr tun, als nur auf den Tod zu warten oder philosophische Fragen zu stellen.

Zur Hilfe ist mir der Gedanke gekommen: Wenn du nun die Welt schon bald verlassen sollst, musst du allen verzeihen, die dir etwas angetan haben. Ich fühlte mich immer noch stark gekränkt.

Nun ja, dachte ich, das mit dem Verzeihen wird schnell abgehakt sein. Ich ließ mein Leben Revue passieren und verzieh allen, die mir etwas Schmerzliches zugefügt hatten, großzügig – im eigenen Geiste natürlich. Was war aber mit denen, die von mir verletzt, gekränkt und gedemütigt worden waren? Diejenigen hatte ja ich um Verzeihung zu bitten. Und dies war nicht so schnell zu erledigen. Tatsächlich bin ich heute noch nicht fertig damit. Immer noch fallen mir Menschen ein, die ich in irgendeiner Form abfällig behandelt oder verletzt habe. Das hat mir wirklich zu denken gegeben.

Irgendwann waren die Stimmen der Teufel und Hexen – allen voran der große Teufel – persönlich dran. Die meisten hatte ich gehasst, manchmal Verwünschungen ausgesprochen und ihnen sogar den Tod an den Hals gewünscht. Das Prinzip war jedoch eindeutig! Egal, was mir angetan worden war, ich hatte für das, was ich getan hatte, um Verzeihung zu bitten. Erst schweren Herzens, später dann mit vollster Überzeugung entschuldigte ich mich bei ihnen allen. Kaum hatte ich diese schwere Aufgabe erledigt, spürte ich auf meinem Gesicht ein spontanes Lächeln. Darüber erschrak ich regelrecht, denn über Jahre hatte ich nichts Spontanes mehr gemacht. Erst später erfuhr ich, dass diese Verzeihenspraxis ein altes hawaiianisches Reinigungsritual ist.

Nun setzte endlich der Prozess einer zunehmenden äußeren Gelöstheit ein. Die Depressionen verschwanden recht schnell und auch die Lebensfreude kehrte wieder. Im übertragenen Sinne habe ich wohl einen Großteil der Last abgeworfen, die auf meinem Bewussten und Unterbewussten gelegen hatte. Irgendwie unwissend habe ich das getan, was für mich das Beste war. Ich war daran gegangen, mich selbst zu therapieren. Die vorher beschriebenen Gedanken und Gefühle sind schließlich zum Meilenstein für die auf mich passende Entwicklung geworden.

## Das Netzwerk Stimmenhören und meine weitere Entwicklung

Einige Probleme, besonders das aufdringliche Treiben der Stimmen, lösten sich bis zur Jahrtausendwende endgültig in Wohlgefallen auf. Nun tauchten jedoch die großen Zukunftsfragen auf: Wie komme ich aus der Isolation heraus? Was kann ich tun, um wieder vollwertiges Mitglied in der Gemeinschaft zu sein? Wo finde ich sinnvolle Beschäftigung? Immer nur zu Hause herumsitzen – das konnte es wohl nicht gewesen sein. Mit dem Aufschreiben meiner Erlebnisse mit den Stimmen hatte ich gezeigt, dass ich zumindest eingeschränkt leistungsfähig war. Einen Wendepunkt bezüglich all dieser Fragen markierte die Fernsehsendung, in der Hannelore Klafki, Vorsitzende des Netzwerkes Stimmenhören, auftrat und offen über ihre Probleme beim Stimmenhören sowie über ihre Erfahrungen berichtete.

Ich nahm Verbindung zum Netzwerk auf und ich wollte dort voller Elan den Stimmenhörenden berichten, was ich schon alles geschafft hatte und dass ich wisse, wie man mit Stimmen umgehen sollte. In den ersten Gesprächen musste ich jedoch rasch einsehen, dass Stimmen so vielfältig auftreten, wie es Stimmen hörende Menschen gibt. Die Erfahrungen des einen können sehr wohl helfen, aber sie müssen nicht auf alle passen. Es war wichtig zu erfahren, dass Stimmen keine unklaren Halluzinationen, keine Traumgebilde sind, wie so oft behauptet – sie sind für die Betroffenen wirklich da, nur für andere eben nicht hör- und fühlbar.

Und schnell wurde klar: Wir brauchen die Sprache der Psychiater nicht unbedingt, um uns über Erleben und Probleme zu verständigen.

Herzerfrischende, einfache und klare Worte bestimmten unsere Gespräche und das gefiel mir außerordentlich gut. Erstmals durfte ich, ohne belächelt zu werden, über meine Erfahrungen sprechen. Die Trialoggruppe hatte es mir besonders angetan. Es entstand sofort ein herzliches Verhältnis zu Stimmenhörerinnen und Stimmenhörern, zu Angehörigen und zu den psychiatrisch Tätigen. Die lange Zeit des Alleinseins mit meinen ganz speziellen Problemen als Stimmenhörer war nun offenbar vorbei.

Wie steht ihr zur Psychiatrie und zu Medikamenten, wollte ich am Anfang wissen, denn eine provokative Konfrontation mit den psychiatrisch Tätigen wollte ich nicht. Nein, versicherte man mir im Netzwerk, wir glauben, dass Medikamente und Psychiatrie in besonderen Fällen, bei Psychosen etwa, gebraucht werden. Kliniken können zum Beispiel Rückzugsraum für uns sein. Das deckte sich auch mit meinen Erfahrungen.

Sehr schnell begriff ich, dass jeder Stimmen hörende Mensch nicht nur individuelle Stimmen, ein individuelles Verständnis für die Stimmen, sondern auch ganz unterschiedliche Erklärungsmuster die Stimmen betreffend entwickelt. Ist diese Vielfalt in einem gemeinnützigen Verein überhaupt verkraftbar? Ja – Toleranz und Vielfältigkeit sind die tragenden Elemente und gleichzeitig unsere wirkliche Stärke. In wenigen Monaten durfte ich erfahren, dass dies tatsächliche Praxis und kein wichtigtuerisches Geschwätz ist. Hier können nicht nur Betroffene, sondern auch Angehörige, in der Psychiatrie Tätige sowie am Thema Interessierte gleichberechtigt neben- und miteinander wirken – und das bundesweit.

Sogar international sind wir vernetzt, denn der »Vater der Bewegung«, Professor Marius Romme aus Holland, steht der Organisation Intervoice vor und koordiniert vor allem auf theoretischem Gebiet die Tätigkeiten verschiedener nationaler Netzwerke. Wir sind noch nicht sehr alt, bekräftigte man, denn die Bewegung ging erst in den 80er Jahren von Holland aus, und seit etwa 1995 gibt es erste Gruppen von Stimmenhörenden auch hier in Deutschland.

Hier mitzuarbeiten wurde zu einer Aufgabe für mich. Eigentlich wurde es zu meiner Arbeit, wenn auch nur ehrenamtlich. Scherzhaft erzähle ich oft, dass ich noch eher Geld hintrage, als dass ich nur einen Cent verdienen könnte. Jetzt bin ich Vorstandsmitglied im Netzwerk geworden und vorwiegend – neben vielen anderen Aufgaben – verantwortlich als Redaktionskoordinator für unseren Mitgliederrundbrief.

Vor allem anderen jedoch habe ich hier viele liebe Freunde gefunden. Das Netzwerk Stimmenhören ist zu einer zweiten Heimat für mich geworden – hier kann ich mich sowohl praktisch einbringen als auch etwas theoretisch ausprobieren.

Warum nun also ein eigenes »Netzwerk Stimmenhören«? Können nicht Psychiater oder Psychotherapeuten besser helfen? Sehr wohl sehen wir, dass sich verschiedene Richtungen in der Psychiatrie etabliert haben, die wir auch unterschiedlich werten. Unsere Erfahrung zeigt jedoch, dass wir Stimmen hörende Menschen fast durchgängig in der Psychiatrie als Patienten und als Klienten angesehen und entsprechend behandelt werden. Sie, die psychiatrischen Fachkräfte, bekommen die so genannten Krisenfälle zu sehen und somit verschiebt sich ihre Wahrnehmung meistens nur auf das Paranoide, auf das Schizophrene und auf das Psychotische. Sie benutzen fast ausnahmslos den Krankheitsbegriff als Ausgangspunkt der Begegnung.

Sagen Sie einmal den Stimmenhörenden, die vorwiegend gute Stimmen empfangen und diese Gabe unter anderem zur spirituellen Erweiterung nutzen, dass sie psychisch krank seien. Wenn tatsächlich mindestens drei Prozent der Bevölkerung irgendwelche Stimmen empfangen, dann kennen Psychiater und Psychologen nur einen ganz kleinen Teil davon. Auch zu uns im Netzwerk kommen viel weniger Menschen, aber das Spektrum ist wohl breiter; von Stimmenhörenden mit vorwiegend guten Erlebnissen bis zu denen, die schreckliche Erfahrungen machen mussten. Bei uns sind sie ausnahmslos Experten durch Erfahrung und werden ernst genommen. Wir bieten vor allem Beratung an, wie man am besten mit den Stimmen umgehen und mit ihnen zurechtkommen kann.

Im Mittelpunkt dabei steht der Versuch, den Stimmen hörenden Menschen darin zu begleiten, wieder die Verantwortung für ihr/sein eigenes Denken, Handeln und Fühlen zu übernehmen. Das kommt ihr/ihm, den Angehörigen und auch der übrigen Umgebung zugute.

Natürlich können wir keine Therapien anbieten, denken aber, dass wir eine wichtige Aufgabe zur Mobilisierung von psychischen Selbstheilungskräften übernehmen, die noch von so manchem Psychiater überhaupt angezweifelt werden. Es ist wirklich schon ein Fortschritt, dass Psychiater in bestimmten Fällen das Stimmenhören von der Schizophrenie trennen können und dass sich Psychotherapeuten zunehmend für unsere Erfahrungen interessieren.

Als ich meinen ersten Artikel für das »Kleine Stimmenhörerjournal«, unseren Mitgliederrundbrief, vorbereitete, kam mir blitzartig der Gedanke: Ist es denn richtig, wenn ich annehme, dass Inhalte des Stimmenhörens genau auf mein Leben, auf meine Situation gepasst haben und zugeschnitten waren? Tatsächlich hat mich dieser Gedanke bis heute nicht mehr losgelassen. Es war ein großer Gedanke. Dann war es kein Zufall, keine Anarchie der Stimmen, die mich geplagt haben. Dann gab es doch einen verborgenen Sinn, den ich rauszufinden hatte?

Heute ist das ganze Gedankengebäude eines tapferen Schneiderleins, das viele Stimmen bezwungen zu haben scheint, wohl nicht mehr zu halten. Eine wunderbare Kraft hat mich zu einem »wieder besseren Menschen« gemacht – oder bilde ich mir das nur ein? Ich habe darüber meine Frau befragt und sie bestätigte mir, dass ich anders, einfach anders nach beinahe jedem Schub geworden sei. Nun, besser, das könne sie nicht sagen, aber anders. Früher hätte ich eine starre Meinung vertreten, heute wisse sie zum Beispiel nicht genau, nach welcher Seite ich gerade tendieren würde – in die naturwissenschaftliche, in die religiöse, in die esoterische Ecke usw.

Sehr beeindruckt hat sie der Film über den amerikanischen Nobelpreisträger John Nash in »A Beautiful Mind«. Genau so ist es gewesen mit dir, sagte sie. Nash bekommt nach längeren schizophrenen Episoden sein Leben wieder in den Griff, erlangt aber nie wieder die einstige Brillanz im Denken und in der Ausstrahlung. Das Wesentliche lernt er aber doch; dass Liebe die alles beherrschende Macht ist und sein muss. Nun, das war ein wenig meine Interpretation des Geschehens in diesem Film.

Es waren viele erworbene Defizite wieder aufzufüllen: Menschlichkeit, Liebe, Glauben, Optimismus und ein gesundes Verhältnis zum Leben. Wie sieht das Verhältnis von Liebe und Hass aus? Welche Herzenseigenschaften hatte ich früher schon revidiert und welche Aufgaben waren noch zu erledigen? Hatte ich mich früher aus meinem mir angestammten Leben herauskatapultiert und warum? All diese Fragen bestimmten meine Aktivitäten sowohl im privaten Leben als auch in der Netzwerkarbeit.

Das Verhältnis zu den Stimmen musste sich in gleicher Weise ändern. Waren sie früher Störenfriede, sogar manchmal Feinde, so sind sie schließlich zu guten Freunden geworden. Auch das war ein lang andauernder Prozess. In meinem Vortrag auf dem Kongress für Stimmen hörende Menschen im November 2001 ging ich etwas genauer darauf ein. Damals hatte ich wohl die Beziehungen zu den Stimmen für mich endgültig und zufriedenstellend bearbeitet.

Die Arbeit mit den Stimmen ist ein einziger und großer Selbstfindungsprozess geworden. Auch die Beantwortung der Frage: Woher kommen denn eigentlich die Stimmen? blieb stets im Fluss. Ist es Gott, der uns die Stimmen schickt oder quillt beim Stimmenhören unser Unterbewusstes über? Die Fragen nehmen kein Ende und ich bin nach wie vor mitten in der Aufarbeitung. Mir ist es sogar etwas peinlich, nicht mehr an Ergebnissen vorlegen zu können.

## Die psychiatrische Begleitung

Mit den ersten psychotischen Schüben ließ ich mich mit Hilfe einer befreundeten Arbeitskollegin in die geschlossene Station der Nervenklinik in unserem Klinikum überweisen. Ich verstand nicht, was mit mir überhaupt geschehen war. Ich betrachtete es als Auszeit. Über Diagnose und Behandlungsmethoden machte ich mir keine Gedanken. Ich ließ alles einfach nur in der Gewissheit geschehen – bald wird alles gut sein und die Stimmen und Geräusche werden wieder verschwinden. Die Psychiater verstärkten diese Hoffnungen mit ihrem Optimismus.

Dieses Erleben passte überhaupt nicht zu dem, wie ich die Welt und mich selbst darin sah. Ich bekam Psychopharmaka, die ich nicht kannte. Erst durch die Bemerkung eines Patienten, dass das Haloperidol die »Teufelsdroge« sei, wurde ich stutzig. Im psychotischen Geschehen hatte ich ja genug mit dem Teufel zu tun. Erste Ängste in Verbindung mit Medikamenten entwickelten sich und ich lehnte daraufhin erst einmal diese Behandlung ab. Auch ich bemerkte, dass die Nebenwirkungen, besonders bei anderen Patienten, enorm sein mussten.

Da ich im Klinikum als Mitarbeiter bekannt war, räumte man mir in den ersten Jahren besondere Rechte ein. Zum einen kümmerten sich immer wieder dieselben Ärzte um mich und diese Ärzte verzichteten anfänglich auf Dauermedikation, also auf die Überweisung in die Ambulanz. Erst nach der dritten Psychose hatte ich zwischendurch auf der Station zu erscheinen, um mich mit Depotmedikamenten spritzen zu lassen. Oft ließ ich diese Spritzen jedoch »ausfallen«. Inständig hoffte ich immer wieder, dass es jeweils das letzte Mal gewesen sei, in die Klinik zu müssen und überhaupt von Psychiatern abhängig zu sein.

Erst im Gefolge der periodisch wiederkehrenden Psychosen entwickelte sich bei mir langsam eine gewisse »Krankheitseinsicht«. Etwa beim sechsten oder siebenten Schub – ich erinnere mich, dass gerade alles durch die Wende unsicher geworden war – bekamen die Ärzte die Nase voll von meinen Eskapaden und leiteten mich kurzentschlossen in die Ambulanz hinüber. Dort wehte ein anderer Wind. Später traute ich mich kaum noch, die Termine zu verpassen. Trotz Dauermedikation kehrten die Psychosen in regelmäßigen Abständen wieder. Die Medikamentendosierung wurde immer weiter heraufgeschraubt. Durch neu zu erprobende Neuroleptika nahm ich in dieser Zeit bedeutend an Leibesfülle zu, die mich heute noch belastet.

Trotz des immer chaotischer werdenden psychotischen Geschehens schaffte ich es, in der Ambulanz zu bleiben. Bei hoher Dauermedikation fütterte ich in psychotischen Schüben heimlich das Medikament Haldol hinzu. Dieses Neuroleptikum hatte ich in psychosefreien Zeiten »gesammelt«, regelrecht gehortet.

Natürlich wurde ich immer unzufriedener über die Einschränkungen durch die Nebenwirkungen, bis ich plötzlich ganz starke Potenzprobleme bekam. Ein Umlenken wurde notwendig. Von nun an sträubte ich mich gegen zu hohe

Dosierungen – und siehe da, der Zustand verbesserte sich sogar. Vielleicht war gerade das Voraussetzung, mit der Verarbeitung beginnen zu können. Zeitgleich mit den Prozessen des Ablösens von zu vielen Medikamenten setzten erste Reflexionen über meine wirkliche Lage ein. Können Psychiater wirklich das leisten, was sie am Anfang locker versprochen hatten? Ich begann, mich mit den vergangenen Jahren und meinem Leben allgemein auseinander zu setzen. Glücklicherweise entwickelte sich in dieser Zeit auch das Überlegenheitsgefühl über böse Stimmen. Langsam kam ich in die Lage zu vergleichen: Sind psychiatrische Maßnahmen oder psychische Selbstheilungsprozesse für mich günstiger?

Psychologen hatte ich bisher nur in der Tätigkeit erlebt, meinen Intelligenzgrad zu messen. Außerdem gingen alle psychiatrischen Fachleute inhaltlichen Problemen während der Psychosen stets strengstens aus dem Wege. Es blieb nur die Möglichkeit, mich selbst zu motivieren, etwas für meine Heilung zu tun. Ich halte diesen Gedanken für äußerst wichtig, obwohl in der Psychiatrie Tätige oftmals diese Einstellung mit Münchhausen vergleichen, der sich an den eigenen Haaren aus dem Sumpf gezogen haben soll. Nach all diesen Erfahrungen behaupte ich, dass ohne Willen der Betroffenen, sich selbst zu verändern, neue Wege und Möglichkeiten zu nutzen und das Ziel anzustreben, wieder in die Gesellschaft als vollwertiges Mitglied integriert zu werden, gar nichts geht. Da können die Psychiater und Psychologen noch so ackern – wenn es bei der Erwartungshaltung von Patienten und Klienten bleibt: »Nun mach' mich mal wieder gesund!«, sind meines Erachtens kaum Durchbrüche bei Stimmen hörenden Menschen möglich. Deshalb halte ich die bedingungslose »Krankheitseinsicht«, den Fachleuten blind zu folgen, für sehr problematisch.

Zu meinem Glück durfte ich den Psychiater in einer Phase wechseln, nachdem ich schon erste Reflexionsversuche unternommen hatte. Der neue Psychiater stellte mich auf weniger Psychopharmaka ein mit der Option, weiter die Dosierung senken zu wollen. Da ich in dieser Zeit, nach dem Jahre 1997 – bis auf eine Ausnahme –, keine Psychosen mehr bekommen habe, hat sich dieser Weg als erfolgreich herausgestellt. Für mich ist das zum Beweis geworden, dass psychotherapeutische Maßnahmen den Vorrang verdienen. Ja, Psychopharmaka scheinen in zu hoher Dosierung sogar den Selbstfindungsprozess zu verhindern.

Später konnten wir die Psychopharmaka auf einen Bruchteil der ursprünglichen Dosierung reduzieren. Im Sommer 2001 haben wir sogar versucht, die Neuroleptika ganz auszuschleichen.

Das führte allerdings im Dezember 2001 zu einer neuerlichen ausgewachsenen Psychose. Die Stimmen ereilten mich wieder mit aller Heftigkeit. Die Anstrengungen bei der Vorbereitung des Stimmenhörerkongresses hatten wohl auch zu dem »Rückfall« beigetragen. Darüber war ich während der Psychose sehr traurig, denn ich hatte schon gehofft, dass das Stimmenhören bei mir der Vergangenheit angehören würde.

Aber ich blickte schon mit anderen Augen auf das Geschehen: Wenn Stimmen reden, dann haben sie mir sicherlich Wichtiges zu sagen.

Trotzdem habe ich in den ver-rückten Situationen nicht immer »ganz normal« gedacht, gefühlt und gehandelt. Zuerst entschloss ich mich, diese Situation allein zu meistern, und trennte mich zeitweilig von allen Bindungen, auch von der Familie.

Die Stimmen bohrten wieder an wunden Stellen im Privatleben, die ich noch nicht erledigt und geklärt hatte. Die Stimmen schlugen vor, meine Identität abzulegen, ein ganz neues Leben anzufangen und im Ausland abzutauchen. Gleichermaßen drohten sie, dass dann, wenn die Hölle mich fangen würde, die ganze Menschheit das Licht Jesu Christi verlieren müsste. Beide Komplexe berührten mich außerordentlich. Die Stimmen hatten meine wunden Punkte getroffen, besonders deshalb, weil ich mich mit der Geisteshaltung gottähnlich gebärdete und tatsächlich annahm, dass ursächlich von meinem Tun die Welt untergehen könnte.

Das übermäßig große Ego suchte unentwegt Auswege, den »drohenden« Katastrophen auszuweichen. Die Stimmen jagten mich durch die Straßen unserer Stadt und ich tat alles, für die »Hölle« unerkannt zu bleiben.

Irgendwann fand ich mich in der Nähe des Bahnhofs in einer anderen Stadt wieder, entkräftet und mit den Nerven am Ende. Auch mein übermächtiges Ego war am Ende und gab schließlich zum ersten Mal »das eigene Leben und das Licht der Liebe« auf. Das tat weh! Das Ego zerbrach – besser: es wurde auf ein Normalmaß zurückgestutzt. Völlig niedergeschlagen ging ich zum Bahnhof in der Erwartung, dass uns alle das Ende bald erreichen müsste.

Zu meinem Erstaunen entdeckte ich, der Versager und Ausgestoßene, eben da ein wahres Wunder des Lichtes. Mich überhaupt nicht wahrnehmend, schienen die meisten Menschen glücklicher zu sein, als ich es je gewesen war. Es erschloss sich erstmals die wirkliche Schönheit aller Menschen. Auch der Glanz des ganz realen Lichts überwältigte mich. Nun war es nicht mehr wichtig, was die Stimmen sagten. Der eigene drohende Untergang, den nun die Stimmen propagierten, erlangte nur noch eine lokale Bedeutung. Trotzdem blieb stets die Angst um die Mitmenschen, um die Schöpfung Gottes.

Nun, nach Abklingen der Psychose, galt es, zu übersetzen, was mir die Stimmen hatten sagen wollen. Sie forderten von mir faktisch, das Ego zurückzufahren, meine Identität zu achten, mehr Vertrauen aufzubauen und die Schönheit der Schöpfung Gottes auch auf alle Menschen zu übertragen. Das sind alles wichtige Dinge, die ich noch zu lernen habe.

Aber ich habe auch gelernt, dass Neuroleptika in geringen Dosierungen bei mir erforderlich sind. Nun hat sich ein gewisses Gleichgewicht zwischen der Dosierung und meinem Wohlbefinden eingependelt. Dafür bin ich meinem Psychiater sehr dankbar.

## Die Angehörigen Stimmen hörender Menschen

Es gibt niemanden, der so nahe am Stimmen hörenden Menschen ist wie die Angehörigen. Die unmittelbaren Angehörigen haben demzufolge auch die größte Last zu tragen. Bei mir hat meine Ehefrau ständig rechtzeitig die Einweisung in die Nervenklinik veranlasst oder stets dafür gesorgt, dass ich in professionelle Hände gekommen bin. Das ist erst einmal die sicherste Methode, Krankheitsverläufe und Schübe nicht bis ins Äußerste ausufern zu lassen.

Meistens ist es so, dass die unmittelbaren Angehörigen nicht verstehen können, was im Stimmenhörenden vor sich geht. Die Ursache liegt nicht so sehr darin, dass die Partner nicht wollten, sondern dass die Betroffenen meinen, nicht reden zu dürfen, oder den Angehörigen unterstellen, doch nichts zu verstehen. Trotzdem wissen die Angehörigen, dass in der Regel schlimme Kämpfe stattfinden müssen oder quälende Dinge in der Psyche des Betroffenen vor sich gehen. Den Stimmenhörenden kann nichts Besseres passieren, als dass Angehörige uneingeschränkt und bedingungslos zu ihnen stehen. Das verlangt den Angehörigen jedoch enorm viel ab und ich habe Verständnis für alle, die diesen Kampf aufgeben.

Angehörige bzw. Partner sind diejenigen, die die Hilferufe zuerst spüren können. Erste Versuche von Betroffenen, in Gesprächen anzudeuten, was in ihnen wirklich vorgeht, sollten niemals abgeblockt werden. Auch dann nicht, wenn der Angehörige nichts von alledem versteht oder auch furchtbar erschrocken ist von den vielen Grausamkeiten, die die Stimmen oftmals anrichten. Es ist nicht in erster Linie wichtig zu verstehen. Der Stimmen hörende Mensch wird nach mehreren Anläufen schon selbst versuchen, eine gemeinsame Gesprächsbasis herzustellen. Das offene, Verständnis zeigende Zuhören ist der erste Schritt für weitere gemeinsam beschrittene Wege.

Appellieren möchte ich an alle Angehörigen, Betroffene nicht zu drängen, Details aus der verborgenen Welt preiszugeben. Dadurch könnte sich der Angstpegel wiederum so sehr erhöhen, dass genau das Gegenteil eintritt von dem, was hilfreich wäre.

Ich könnte persönlich noch sehr viel Gutes über meine Angehörigen, besonders über meine Ehefrau berichten. Aber alle Angehörigen werden früher oder später das Gefühl dafür bekommen, was den Betroffenen gut tut. Ich verneige mich vor allen tapferen Angehörigen, die uns Stimmenhörenden beistehen und selbstlos unter die Arme greifen.

## Schlussbemerkung

Als ich am Anfang des Jahres 2005 all meine Ängste in den Griff bekommen hatte, verschwand die letzte der Stimmen auch noch und somit verlor ich einen guten Freund. Ich hatte mich emanzipiert und mich dieser Stimme zumindest ebenbürtig erwiesen. Nun wusste ich, was die Stimmen eigentlich wollten: Mich zu einem aufrechten Menschen erziehen – gänzlich frei von Selbstgeißelung und Hochmut. Der Weg dahin ist nicht leicht gewesen, wie bei vielen Stimmen hörenden Menschen auch. Ich hatte endlich meine Seele wieder gefunden, wir waren wieder eins.

# Teil 3

# Reflexionen

Die Geschichte in diesem Buch ist meine Geschichte. Die beschriebenen Wege zur Besserung möglicher schizophrener Züge sind meine Wege gewesen, die genau auf mich gepasst haben. Leicht kann man ersehen, dass ich noch mitten im Prozess der Bewältigung stehe, jedoch schon eine entscheidende Wegstrecke absolviert zu haben glaube. Ich will deshalb darauf hinweisen, dass jeder Andere andere Wege beschreiten muss und andere Inhalte zu bearbeiten hat. Das ist auch logisch, denn die Erlebniswelten, Charaktere usw. sind unterschiedlich und auch die Welten der Stimmen sind es. Meine Arbeit im Netzwerk Stimmenhören e.V. hat bestätigt, dass kein Erleben der Stimmen und deren Inhalte einander gleichen.

Das wirft aber die Frage auf: Ja, wie kann denn nun in der Psychiatrie behandelt werden, wenn kaum etwas dem anderen gleicht? Ich habe dieses Buch vorwiegend deshalb geschrieben, um andere Stimmen hörende Menschen zu motivieren, ebenfalls ihre Erfahrungen und Erlebnisse aufzuschreiben, damit sich die Bedingungen in den Einrichtungen der Psychiatrie und Psychotherapie für uns Stimmenhörende langfristig verbessern können. Ich gehöre nicht zu denen, die voller Vorwürfe den Fachleuten gegenübertreten, sondern ich möchte ihnen zeigen, dass noch ungeahnte Möglichkeiten zur Veränderung in ihren Praxen und Kliniken bestehen. Deshalb glaube ich, dass Erlebnisberichte durchaus wertvoll sein können, um das Verständnis für uns Stimmen hörende Menschen zu fördern.

In diesem dritten Teil werden Sie Gedanken und Notizen finden, die nach meiner »Stimmenhörerzeit« entstanden sind. Sie zeigen auf, wie ich mich schon optimistischer mit auftretenden Problemen und Verhaltensweisen auseinandergesetzt habe.

Es werden mehrere Leitlinien angerissen, die für mich in der Gesamtheit gewissermaßen die Rückfahrkarte in ein »normales« Leben wurden. Eine davon ist das Entwickeln von Verständnis und Freude im Umgang mit den Stimmen – bis hin zur Liebe.

Eine andere ist das Zulassen von Freiheiten, die man als Stimmenhörender auch den Stimmen geben sollte. Deren Freiheit stärkt die eigene Freiheit, selbst entscheiden zu können, was wichtig und was nichtig ist und wo die Grenzen gezogen werden müssen.

Schließlich ergibt sich auch eine Leitlinie der Verbindlichkeit. Alle Vorgänge in der verborgenen Welt haben ganz konkret mit mir, dem Stimmen hörenden Menschen, zu tun. Wenn man dazu bereit ist, kann man mit dieser Kardinalerkenntnis eigene Gefühls-, Denk- und Verhaltensmuster erkennen, aufbrechen und günstig verändern.

## Die Vielfalt der Stimmen kennen lernen

Jeder Stimmen hörende Mensch, den ich kennen gelernt habe, erlebt seine »persönlichen« Stimmen: In 1.000 Stimmenhörenden existieren mindestens 1.000 unterschiedliche Erlebnisvarianten mit den Stimmen. Daraus folgt mit höchster Wahrscheinlichkeit, dass die gemachten Erfahrungen mit den Stimmen aus der eigenen Seele bzw. aus dem eigenen Gehirn kommen.

Nun behaupten aber eine Reihe von Stimmen hörenden Menschen, dass ihre Stimmen von außen gesteuert werden, sogar Ausdruck von Äußerungen fremder Mächte sind. Es stellt sich übergeordnet die Frage: Was nützt dem Stimmen hörenden Menschen diese Annahme, außer, dass er ständig neue Indizien sucht, die Lenkung durch Stimmen von außen zu beweisen und damit gewissermaßen die Verantwortung von sich zu weisen? Ist es nicht wesentlich produktiver, mit sich selbst, der eigenen Psyche, dem eigenen Geist und Körper zu arbeiten? Ich selbst habe mich nach vielen inneren Auseinandersetzungen entschlossen, primär auf mich zu achten und Dinge weitgehend nicht mehr großartig zu registrieren, die ich sowieso nicht beeinflussen kann. Ich glaube, dass dies für einen Stimmen hörenden Menschen – bei aller Verschiedenheit – eine hilfreiche Grundhaltung sein kann.

Ein weiterer Schritt für mich war, meinen Bericht von den Engeln, Hexen und Teufeln trotz massiver Drohungen durch die Stimmen zu schreiben. Ich habe mir damit nach und nach die Angst von der Seele geschrieben. Auch das gehört mit zu einer Therapie. Ich glaubte, eine der möglichen Spielarten des Stimmenhörens aufzuschreiben und damit anderen Stimmenhörenden Mut machen zu können, Gleiches zu versuchen. Damals war ich noch in keiner Verbindung zum Netzwerk Stimmenhören. Vielleicht lassen sich Gemeinsamkeiten finden, dachte ich, wenn parallel 1.000 solcher Erfahrungsberichte vorliegen. Das war der Antrieb, letztlich meinen »Reisebericht« – in die Stimmenwelt, einmal hin und zurück – zu verfassen.

Insgesamt stoßen wir Stimmenhörende noch auf viel Unverständnis. Vielleicht verstehen wir uns als Stimmen hörende Menschen untereinander besser, als dies bisher jemand tun kann, der keine Stimmen hört. Ich glaube, die in der Psychiatrie Tätigen haben noch einigen Nachholbedarf, wenn es um unsere speziellen Problemstellungen geht.

Jetzt bin ich in der Lage, mich in aller Ruhe und ohne größere Störungen durch die Stimmen selbst zu therapieren. Zur Zeit – und dieser Zustand hält schon mehrere Jahre an – höre ich nur noch Stimmen, wenn ich in einen meditativen Zustand übergehe. Diesen Erfolg schreibe ich sanften und sehr zeitintensiven Methoden zu.

Die plötzliche Wende – so habe ich es erlebt – setzte mit der beschriebenen Erkenntnis ein, dass die Stimmen nicht so schalten und walten können, wie sie es immer angedeutet haben. Und dieser Grundgedanke hat mich weitergetragen. Es waren also in den meisten Fällen psychische Voraussetzungen, die bei mir wirkten und keine primär chemischen oder physikalischen Prozesse im Gehirn.

Ein weitere Meilenstein war einerseits das Aufrütteln durch Freunde, die mir klarmachten, dass ich mich zusammennehmen müsse, also praktisch mein eigenes Schicksal wieder zu bestimmen hätte.

Andererseits nahm mir die schon erwähnte Verzeihenspraxis den depressiven Druck von der Seele. Darauf werde ich noch etwas genauer eingehen.

All diese Voraussetzungen waren der Beginn einer sanften Selbstheilung, wie ich es immer wieder nenne. Selbstheilung ist für mich der Inbegriff, in meinem damals äußerst verbogenen Denken und Fühlen neue Maßstäbe zu setzen, die von Optimismus, aber mehr noch vom Glauben an das »Lichte« – weg vom »Dunklen« – geprägt waren.

Ich habe viel Zeit darauf verwendet, in diesem Sinne meine Beziehungen zu anderen Menschen, zu Dingen um mich herum, zur Natur und zu Gott neu zu regeln. Und dazu war es notwendig – natürlich auch noch heute – bestimmte Strukturen im Denken und Fühlen zu verändern und, wenn nötig, mit neuen, gewollten Inhalten zu füllen. Ich selbst habe kein Vorbild, keine besonderen Kenntnisse aus der psychologischen Theorie, sondern habe versucht, meine Gefühle im Sinne des Humanismus, der für mich auch neu war, auszubilden. Nun, es sind erste ernsthafte Annäherungen an humanistische Traditionen gewesen.

Übrigens, auch die geäußerten Gedanken in diesem Buch gehören alle zur »sanften Selbstheilung«. Indem ich sie aufgeschrieben habe, habe ich sie verinnerlicht.

Ich glaube, Psychologen und Psychotherapeuten könnten philosophische Aspekte aus dem Humanismus durchaus von Nutzen in ihrer verantwortungsvollen Arbeit sein.

Unsere Aufgabe als Stimmenhörende ist es, ein differenziertes Bild unserer Fähigkeiten zu vermitteln, aber auch die Sprache der verwundeten oder entblößten Seele darzulegen. Und diese Sprache ist nicht einfach zu entschlüsseln. Sie äußert sich oftmals in boshaften und gefährlichen Attacken. Es gilt, das Stimmenhören als Äußerung der Seele zu begreifen und es nicht generell als Krankheit abzustempeln. Es sollten therapeutische Maßnahmen erarbeitet werden, die vom normalen Stimmenhören bis zur lebensgefährlichen Psychose abgestuft sind und jedes Pauschalieren in der Behandlung unterlassen. Meine Erfahrung ist, dass beim Stimmenhören vor allem psychische Prozesse eine entscheidende Rolle spielen und demzufolge den Psychologen das Primat in der Behandlung gebührt.

Ich glaube, die Psychologen haben dabei langfristig die schwerste Aufgabe zu lösen. Sie müssen die Sprache und auch die Inhalte des Stimmenhörens in all ihrer Vielfalt erlernen und stehen gleichzeitig vor der Herausforderung, die größtmögliche Wissenschaftlichkeit in ihrer Arbeit und ihrem Denken zu wahren.

## Aus Feinden wurden Freunde

Die »Eigenbehandlung« ist wohl eines der umstrittensten Themen in der Psychiatrie bzw. Psychotherapie, zeitigt aber gegenwärtig bei mir den gewünschten Erfolg. In der Vergangenheit war das dem fehlenden Angebot an psychologischen Leistungen bei der Diagnose Schizophrenie im Ostteil von Berlin geschuldet. Auf dem Gebiet der Theorien von Psychotherapie habe ich nur äußerst eingeschränkte Kenntnisse, ich selbst benutze – wie beschrieben – ganz sanfte Selbstbehandlungsmethoden.

Als wichtigsten Gedanken bei der »Selbstbehandlung« erachte ich, dass der Stimmen hörende Mensch unabhängig von psychiatrischer Begleitung bereit ist, sein Schicksal in die eigenen Hände zu nehmen. Das heißt, er muss die Verantwortung bewusst übernehmen, in der realen Welt seinen eigenständigen Weg zu gehen. Erstens hat er sich dabei als Persönlichkeit zu beweisen und zweitens muss er dann selbstbewusst als solche Persönlichkeit gegenüber den Stimmen auftreten. Es ist also eine ganz andere Herangehensweise, als nur auf Hilfe von außen zu vertrauen.

Eine weitere Voraussetzung ist die bedingungslose Ehrlichkeit zu sich selbst. Ich will das etwas näher erläutern: Als »Selbstbehandlung« habe ich versucht, verdrängte Sachverhalte und Gefühle aus vergangenen Zeiten an die Oberfläche des Denkens zu transportieren. Dabei habe ich die so entstehenden Gefühle noch einmal bewusst durchlebt und sie schließlich zu integrieren versucht. Besonders produktiv war diese Auseinandersetzung dann, wenn es durch ehemaliges Fehlverhalten dabei fast körperlich wehtat, was so viel hieß, dass dies dann ganz brisante Fragen waren. Damals habe ich zum Beispiel mehrere Stunden ängstlich überlegt, ob ich mit der Bitte um Verzeihung beim Teufel nicht mir und anderen schaden könnte, eine wahrlich schwer zu überschauende Situation.

Wie aber habe ich nun die Beschäftigung mit den im Unterbewusstsein fest verankerten Fakten, Erlebnissen und Gefühlen eingeleitet?

Ich habe mir viele Male über einen längeren Zeitraum hinweg immer wieder eine wohl überlegte, in Struktur und Inhalt einfache Frage gestellt. Dabei versuchte ich schließlich, Lebensabschnitte, die äußerst problembehaftet waren, besonders zu berücksichtigen.

Zum Beispiel stellte ich mir die Frage: »Warum liebt mich meine Mutter nicht?« Das Ergebnis meiner innere Befragung war, dass ich sie wohl die ganze Zeit aus meinem Bewusstsein verdrängt und selbst nicht geliebt hatte. Aber das waren nur die Erkenntnisse, die am Anfang zu stehen hatten. Erst in der gefühlsmäßigen Aufarbeitung entstand der Nutzen. Ich bat dann zuerst um Verzeihung und dann ließ ich so viele Bilder in mir wirken wie nur möglich. Die Sprache von Bildern ist vielleicht noch stärker als die von Stimmen. Und so entstand allmählich ein neues Gesamtbild, geprägt von einem ganz anderen Inhalt.

Ein anderes Beispiel: Ich stellte mir die Frage, warum mich plötzlich alle Menschen um mich herum kritisierten. Mein Denkprozess führte mich zu dem Eindruck, dass ich es wohl verdient hatte. Ich sah mich so in Bildern, wie ich sein wollte, und dann so, wie ich wirklich war. Das brachte neue Erkenntnisse und bereicherte die Welt meiner Gefühle. Schließlich nahm ich mich doch ganz einfach als Mensch wahr. Es waren ganz einfach zu praktizierende Dinge, obwohl ich auch über manche Bilder sehr erschrak. Das Ersetzen alter durch neue Bilder lohnt sich nach meiner Erfahrung jedoch in jedem Fall, denn Bilder scheinen die Ausdrucksweise der Seele zu sein.

Irgendwann fing ich auch an, in eine gewisse Zwiesprache mit mir selbst oder mit vermeintlich anderen Personen zu kommen. Eben diese zweite Methode der Zwiesprache im eigenen Geist war sehr wichtig, weil sie nach und nach das Wesen des Verdrängten bloßlegte und neue Einsichten ermöglichte auf schon längst Vergessenes. Es hat nach meiner Erfahrung nicht viel Sinn, diese Dinge besonders beschleunigen zu wollen oder gar zu manipulieren. Wichtig wurde mir, mein eigenes Unterbewusstes sehr ernst zu nehmen. Heute glaube ich, Aufarbeiten ist immer besser, als Verdrängtes einfach liegen zu lassen. Natürlich ist dafür ein Mindestmaß an Ruhe und innerer Gelassenheit unerlässlich.

Durch meine »Selbstbehandlung« habe ich feststellen können, dass es gerade die geradlinigen, offenen und einfachen Dinge sind, die den besten Effekt zeitigen.

In meinen Notizen fand ich folgende Passage zum Erfolg meiner Auseinandersetzung mit dem Sinn meiner Erkrankung: »Sie, die Krankheit, hat mir neue Denkweisen, eine neue Herangehensweise an das Problem von Leben und Tod ermöglicht. Sie lässt mich bewusster und gelassener mit dem Leben umgehen... Ich habe die wichtige Erfahrung machen müssen, Körper, Geist und Seele wirklich zu jeder Zeit in Einklang zu bringen... Interessant für mich sind Haltungen geworden, mit denen man dem Leben gegenübersteht oder in das Leben eintaucht.«

Ich hatte begriffen, dass die Stimmenwelt viel mit meiner geistigen und seelischen Verfassung zu tun hatte, auch zu großen Teilen mit meiner Biografie. Verhärtungen im Denken, Fühlen und Handeln konnte ich im Laufe der Auseinandersetzungen langsam aufbrechen. Die Stimmen, so deprimierend sie auch gewirkt haben, haben mich schließlich zu Tugenden im Denken und Fühlen zurückgeführt, die längst vergessen schienen. Im nächsten Abschnitt werde ich das konkreter beschreiben.

Seit ca. drei Jahren bin ich glücklicher als je zuvor. Heute weiß ich, dass auch die bösesten Stimmen meine Freunde und Gäste sind. In der Regel kommen sie nur noch bei Meditationsübungen und darüber bin ich sehr erfreut.

Am Anfang habe ich die Stimmen gehasst und sie abzuschütteln versucht. Als ich merkte, dass sie mir auch helfen können, habe ich ihnen schweren Herzens verziehen. Als ich reflektieren durfte und ihre ausgesprochene Nützlichkeit für meine weitere Entwicklung erkannte, habe ich mich bei ihnen entschuldigt. Heute dürfen sie das, was gute Freunde tun, sie sagen mir durch die Blume, wie es meiner Seele geht und welche Probleme zur Lösung noch anstehen.

Das ist die rationellste Art, mit Stimmen zu arbeiten. Aber nimmt man es genau, haben sie, die Stimmen, mit mir gearbeitet – eine recht verblüffende Erkenntnis.

## Was sich für mich geändert hat

Die meisten seelischen Probleme, die ich jahrelang mit mir herumgeschleppt habe, sind gelöst. Mit viel Gelassenheit blicke ich auf die Prozesse, die um mich herum geschehen. Mein Urteilsvermögen hat sich dadurch wesentlich geschärft.

In der Rückschau würde ich sagen, dass mindestens zehn unterschiedliche Lernprozesse bei mir eingesetzt haben. Und natürlich könnten noch bedeutend mehr Dinge in der Seele, im Fühlen und Denken umgestürzt und neu geordnet worden sein. Als ich mir dies klar machte, setzte bei mir das große Staunen ein, denn das Programm der Stimmen hat genau auf meine geistige und seelische Situation gepasst. Die Stimmen haben zumeist Gegenpositionen bezogen, um mich zu vernünftigen Haltungen zu bewegen und das ausdrücklich und dauerhaft. Mir kommt es heute wie ein Wunder vor, dass genau meine Schwachpunkte erkannt und sogar psychisch effektiv behandelt worden sind. Die Dinge, die ich lernen musste, sind dadurch bis in den letzten Winkel der Seele verankert worden. Deshalb musste ich wahrscheinlich durch so tiefe Täler der Tränen wandern. Diese Erkenntnisse lassen mich bewegt auf die Unerschöpflichkeit der Natur, auf die Weisheit von Gottes Schöpfung blicken.

Gerade habe ich erwähnt, dass mich die Stimmen auf mindestens zehn »Problemfeldern« verändert haben. Darauf möchte ich jetzt näher eingehen.

Erstens haben sich elementare Formen der Menschlichkeit in mir wieder gefestigt. Im Verlaufe des bisherigen Lebens waren allgemeine Tugenden wie Geduld, Zuversicht,

Liebe, Nachsicht und Verzeihen immer mehr verloren gegangen. Indem ich gegen Ungerechtigkeiten und Gemeinheiten der Stimmen während der Schübe kämpfen musste, habe ich diese Tugenden in vielen seelischen Schmerzen als menschliche Züge unbewusst wieder entdecken müssen. Dadurch hat sich die Haltung zu vielen Lebensprozessen entscheidend geändert. Und ich habe erkannt, dass meine eigene Haltungen zum Leben entscheidend wurden im Prozess des Veränderns.

Zweitens habe ich mich zu einem gläubigen Menschen entwickelt.

Durch meine vormals konsequent atheistische Lebenseinstellung – natürlich auch geprägt durch die damalige Norm in der DDR-Gesellschaft – kam es zu einem »Tunnelblick« auf die Welt im Allgemeinen und die Naturgesetze im Besonderen. Heute weiß ich, dass dieses eine Verarmung war. Ich habe mit Hilfe der Atomphysik versucht, die Welt auf ein ganz einfaches Modell zu versimpeln. So war es naheliegend, dass die Stimmen den religiösen Bereich – meinen »Blinden Fleck« – auswählten. Durch sie habe ich erfahren müssen, dass es noch andere Dinge – besonders im Bereich des Fühlens – gibt. Mitten in eine andere, mir unbekannte Welt gestellt, musste ich mich positionieren, musste Partei ergreifen für die Unterdrückten, nicht nur zuschauen. Dabei wurde mir mehrmals übel mitgespielt, so dass ich eines Tages bei Suizidgedanken die Erkenntnis gewann: Gott hat nicht die Voraussetzungen für mein Leben geschaffen, damit ich es einfach wegwerfe. Eben eine Kette solcher Erkenntnisse hat mich zum Gläubigen gemacht. Jetzt konnte ich plötzlich aus ganz neuen Quellen schöpfen, die zum Beispiel Glauben, Mitgefühl und Nachsicht heißen.

Der christliche Glauben ist meine Wurzel geworden, doch ich schöpfe auch aus anderen Weltreligionen. Deshalb wird der Herr Pfarrer keine große Freude an mir haben, denn ich meine, dass jeder Arm des Kristallleuchters sein Licht aussendet.

Drittens hat sich ein neues Verhältnis zu Fragen von Leben und Tod entwickelt.

Im Laufe der verschiedenen Schübe entwickelten sich die Todesdrohungen durch Vertreter der Hölle zu einem massiv bedrohlichen Problem. Die Stimmen haben mich äußerst auffällig stets auf das Problem des eigenen Todes hingewiesen und mich mit allerlei Verboten belegt. Diese konnte ich nicht immer einhalten. Ich glaube, mich einigermaßen ritterlich in der besonderen Welt benommen zu haben, aber ich habe mich mit großer Angst über manches der Verbote hinweggesetzt. Besonders problematisch war immer, über die Erlebnisse in dieser Welt mit Angehörigen, Freunden und Ärzten zu sprechen. Im Ergebnis kam schließlich nach vielen Kämpfen heraus, dass ich jetzt das durchsetzen muss und kann, was ich für richtig halte. Andererseits hat sich ein ganz natürliches und entspanntes Verhältnis zu Leben und Tod, besonders zum eigenen, ergeben. Ich weiß, dass es die richtige Minute sein wird, wenn ich einmal die große Reise antrete. So einfach ist das.

Viertens habe ich mich als einfacher Mensch akzeptieren gelernt und die Unwesentlichkeit von Karriereplänen erkannt.

Als junger Mann hatte ich mir vorgenommen, irgendeine große Leistung oder Erfindung zu vollbringen. Mit 40 Jahren musste ich feststellen, dass es damit wohl nichts werden würde. Vielleicht hat diese Erkenntnis eine so genannte Midlife-Krise ausgelöst. Etwa zum gleichen Zeitpunkt meldeten sich die ersten Stimmen. Wenig später haben die Stimmen vorgeschlagen, mich zu einem ganz Großen zu machen. Zuerst wollten sie mich zum neuen Jesus Christus erheben.

Als ich zögerte, wollten sie mich späterhin zum Herrn der Welt, zum Stellvertreter Gottes, schließlich zum Erzengel Gabriel und sogar zum Antichristen machen. Instinktiv habe ich mich gegen solche Angebote gewandt, obwohl es nicht immer leicht war. Schließlich war ich glücklich, nur der einfache Mensch geblieben zu sein. Auch hier habe ich einen Lernprozess durchmachen müssen, nämlich den, mich um keinen Preis zu erhöhen, denn dann fällt man gehörig auf die Nase. Eben das haben mir die Stimmen indirekt vermittelt. Auch hier habe ich Bedeutendes dazulernen dürfen.

Fünftens hat sich ein neues Verhältnis zu meinen Eltern, insbesondere zu meiner Mutter, herausgebildet. Dort hatten sich die Fronten verhärtet, wobei ich sowohl gekränkt war als auch stur auf meiner Meinung beharrt habe. Mit der Lösung dieses Problems ist ein riesiger Stein von meinem Herzen gefallen. Nicht nur das Verhältnis zu meiner Mutter ist tiefer und reicher geworden. Die Frage der zwischenmenschlichen Beziehung ist nach meiner Meinung eine der wesentlichsten, die bei solchen Prozessen der Erforschung von Sinn und Ursachen im Vordergrund zu stehen hat.

Sechstens bekam ich eine größere Disziplin im Denken und im Erlernen neuer Denktechniken. Früher – vor den Stimmen – plapperte ich im Denken, sprang ganz unmotiviert zwischen verschiedenen Gebieten hin und her und dachte sogar mit unterschiedlichen Geschwindigkeiten. Damit ließen sich nicht alle Gedanken in Worte artikulieren. Natürlich habe ich diesen Zustand als normal empfunden.

Erst die konsequente langsamere Sprechfrequenz der Stimmen sowie deren ausdrückliche Bemühungen, mich zum disziplinierteren Denken zu bewegen, haben mich die Technik der Senkung von Gehirnimpulsfrequenzen gelehrt. Jetzt ist Denken und sprachliches Formulieren ein in sich geschlossener Prozess.

Siebentens habe ich gelernt, bestimmte Angstzustände zu beherrschen. Angst ist der ärgste Feind von Freiheit und Liebe. Wer permanent in Angst lebt, verlernt schließlich das Leben selbst und entwickelt depressive Haltungen. Leider ist die Überwindung von Angstzuständen kein vorwiegend intellektueller Prozess, sondern hat viel mit der Schulung von Gefühlen zu tun. Im zweiten Teil dieses Buches bin ich bereits etwas ausführlicher auf die Problematik der Schaffung und Abschaffung eines Angstgefängnisses eingegangen.

Achtens haben sich Veränderungen zu Fragen der umfassenden Sexualität ergeben – eine sehr private und individuelle Angelegenheit.

Neuntens haben mich meine Stimmen gezwungen, zwischen wesentlichen und unwesentlichen Fragestellungen zu unterscheiden. Vieles, was ich als Beunruhigung empfunden habe, war nicht immer wesentlich. Auch umgekehrt ist diese Aussage richtig: Ich habe oftmals manches als nicht besonders aufregend empfunden, was sich später als wichtige Fragestellung erwiesen hat. Als das Wesentlichste hat sich der Wille und die Möglichkeit zur Veränderung besonders von eigenen Haltungen herauskristallisiert. Das leitet gleich zum zehnten Punkt über.

Zehntens erlangte ich eine bessere Urteilsfähigkeit, insbesondere zur Unterscheidung von Ursachen und Wirkungen. Das ist eine der wichtigsten Voraussetzungen, Prinzipienfestigkeit zu lernen und andererseits die menschlichen Dimensionen so mancher Problematik zu akzeptieren. Hier schließt sich wieder der Kreis zu mehr Menschlichkeit im Verhältnis zueinander. Denn nur im Verhältnis zueinander können wir uns erkennen und selbst entdecken, können wir unsere eigenen Probleme wirklich lösen.

Interessanterweise haben die Stimmen die entscheidendsten Schwachstellen in meinem Fühlen, Denken und Handeln aufgedeckt. Erst viel später habe ich dies erkennen können. Sie, die Stimmen, haben diese Schwachstellen nicht einfach nur benannt, sondern ganze »Katastrophen« darum aufgebaut, die ich zu lösen hatte. Durch diese Katastrophenszenarien hatte ich in besonderer Weise dazulernen müssen. War es also notwendig, durch die Stimmen so gequält worden zu sein? Das ist eine der am schwersten zu beantwortenden Fragen für mich. Einerseits hat auch die Seele und nicht nur der Verstand gelernt. In dieser Hinsicht geht die umfangreiche Prozedur in Ordnung. Zum anderen habe ich zu keiner Zeit die quälenden Stimmen gebeten noch ihnen erlaubt, in solcher aufdringlichen Weise zu agieren. Das entscheidende Manko bestand zu jeder Zeit der Schübe bzw. Psychosen in der fehlenden Freiheit, mich für oder gegen die Prozeduren zu stellen; es ist einfach immer wieder passiert.

Das eigentliche Lernen durch das Stimmenhören erfolgte zumeist unbewusst, trotz der jeweiligen Entscheidung, einfach nur zu verdrängen. Erst mit der Entscheidung, die Erlebnisse aufzuarbeiten, konnte ich in der Folge unterscheiden, was mir wirklich weitergeholfen hat. Interessant ist, dass ich heute eine ganz andere Sicht auf das Wesen der Stimmen habe. Immer wieder sagen Stimmenhörende, dass manche der Stimmen konstruktiv, andere hingegen destruktiv seien. Bis vor kurzem hätte ich die bösen Stimmen auch zu den destruktiven gezählt. Aber ich habe eben von diesen am meisten gelernt und profitiert. Es ist also eine Frage des Standpunktes, wie man generell zum Stimmenhören, zum Sinn dieser schwierigen Prozeduren, steht.

Was ist aber der Sinn, wenn sich im äußeren Leben, das ich führe, nichts geändert hat? Ich sehe so aus wie früher, führe das Leben so wie früher!

Es sind nicht die Dinge des äußeren Reichtums, der äußeren Verhältnisse, die sofort sichtbar sind. Es sind vorwiegend die inneren Werte und die Stellung zu grundsätzlichen Problemen des Lebens, die korrigiert worden sind. Und das scheint das Primäre in der Bewältigung des Stimmenhörens zu sein, so ist jedenfalls meine Erfahrung. Vielleicht ist es ein gangbarer Weg für andere Stimmen hörende Menschen, diese Erkenntnisse schneller in das eigene Fühlen, Denken und Handeln einzubauen. Vielleicht lässt sich damit der Leidensweg im Prozess des Stimmenhörens abkürzen. Die wirklich wichtige Erkenntnis ist bei mir gewesen, dass durch die bewusste eigene Veränderung das Licht am Ende des Tunnels sichtbar wird.

## Am Anfang steht die Anerkennung

In Gesprächen mit Stimmen hörenden Menschen, die in einer »aktiven Phase« – mitunter Krise – stehen, werden enorme Probleme spür- und sichtbar. Eines davon ist, dass man diese Menschen scheinbar überhaupt nicht erreichen kann. Ihre Aussage in sogar langen Gesprächen ist immer wieder und durchgehend: »Ja, aber…«. Die Haltung scheint sich durch kein Argument erschüttern zu lassen.

Wenn wir unsere Argumentationen analysieren, ergibt sich dann nicht auch als erste Frage: Sind wir denn besser? Sagen wir nicht auch immer wieder: Ja, aber…? Nur unsere Position ist eine andere, die davon ausgeht, dass wir alles wohl besser wissen. Bisher habe ich auf die Überzeugungskraft des eigenen Beispiels gesetzt und bin damit automatisch in die Rolle des Besserwissers gerutscht. Müssen nicht gleichzeitig andere Ansatzpunkte gewählt werden, den akut gefährdeten Stimmenhörenden wirklich zu helfen? Ich glaube, hier sollten wir von den Psychologen mehr lernen.

Am Anfang sollte immer stehen, das meistens tiefe subjektive Leid des Gegenübers wirklich anzuerkennen. Das dürfte das grundlegende Bedürfnis eines in der Krise stehenden Stimmen hörenden Menschens sein. Das entspricht auch meinen eigenen Erfahrungen, denn auch ich hatte mich, als ich die Vorgänge noch nicht durchschaute, gegen jegliche andere Gedanken abgeschottet. Der Grundtenor meiner Überlegungen damals war: »Was wisst Ihr denn schon über die Vorgänge in mir und meinem Gehirn?«

Wichtig ist auch, die Frage zu klären, wo wir in den Gesprächen hinwollen, auf welcher Ebene wir miteinander sprechen. Ist es notwendig, ausschließlich auf die Argumente des Hilfesuchenden einzugehen oder können wir einen Schritt weitergehen, den gemeinsamen Erfahrungsschatz unserer Bewegung zu heben? Wir sollten auf beide möglichen Wege vorbereitet sein und den Betroffenen entscheiden lassen. Hat der Betroffene den zweiten Weg gewählt, sollten wir bemüht sein, behutsam Grundwissen zu übermitteln. Dabei könnten u.a. folgende Dinge behandelt werden:

- Angst ist es, die uns treibt, den Stimmen in jedem Fall zu gehorchen!
- Es muss systematisch ausgetestet werden, ob die von den Stimmen vorausgesagten Ergebnisse auch wirklich eintreten, wenn gewagt wird, den Stimmen nicht zu gehorchen.
- Was bleibt den Stimmen, wenn man sich von ihren Befehlen, Weisungen und Ratschlägen grundsätzlich trennt?
- Was ist es für ein Gefühl, plötzlich nur das zu tun, was man wirklich will, also »Herr bzw. Frau im eigenen Haus« zu sein?

Die eigene Erfahrung lehrt, dass erst dann grundsätzlich eine Änderung zum Besseren eintritt, wenn der Stimmenhörende bereit ist, sich selbst und eigene Verhaltensweisen zu verändern. Allerdings sind die ersten Grunderfahrungen zur Durchsetzung eines eigenen Willens unbedingt erforderlich.

Es geht sicher nicht gut, wenn wir versuchen, den in der akuten Krise Befindlichen den zweiten vor dem ersten Schritt tun zu lassen. Vielleicht ist es das, was Stimmenhörende instinktiv davon abhält, weitergehenden Ratschlägen zu folgen.

Uns muss unbedingt klar sein, dass die eigene Erkenntnis weiterhilft, sich gegen den Willen boshafter Stimmen stellen zu können. Und dieses muss erst selbst erlebt werden (können). Den Prozess erst einmal in Gang zu setzen, ist äußerst schwer und bestimmt gewissermaßen die Höhe der Schwelle. Erst beim Überschreiten dieser Schwelle kann der Prozess zur Selbsthilfe einsetzen – so ist die Erfahrung mit meinen Stimmen.

Die Höhe der Schwelle wird auch dadurch bestimmt, wie weit andere (zum Beispiel Gott, die Psychologen, die Angehörigen usw.) mitverantwortlich gemacht werden für die scheinbar ausweglose Situation. Erst die tiefe Erkenntnis des eigenen »In-die-Hand-Nehmens« ermöglicht es, die Hürden zu nehmen.

Erst dann sind die besten Voraussetzungen geschaffen, weiterzugehen und zum Beispiel Fragen zu klären wie:

- Wer bestimmt meinen Geist, meinen Verstand und meinen Körper?
- Wer ist der Überlegenere – die Stimmen oder ich persönlich?
- Wie organisiere ich das Verhältnis zu meinen Stimmen?

Schließlich, und das besagt meine Erfahrung, kann man daran gehen, bewusst die Felder zu beackern, auf denen die Stimmen besonders scharf angegriffen haben. Das heißt, dass man bewusst Änderungen im eigenen Fühlen, Denken und Handeln zulässt und wenn möglich initiiert.

Ich glaube, dass Gesprächs- und Hilfeangebote in verschiedenen Stufen erfolgen sollten. Vielleicht können dazu gemeinsam Strategien zur Gesprächsführung entwickelt werden.

## Raus aus der Isolation

In einem Brief an das Netzwerk Stimmenhören erwähnt ein Hilfesuchender, dass man ihn in seiner Umgebung nicht mehr verstehe. Eben dieses Problem hatte auch ich über viele Jahre. Das ist wohl einer der ernst zu nehmendsten Faktoren, denn Stimmen hörende Menschen fühlen sich zumeist ungemein isoliert. Solche Gefühle lassen auch den Lebensmut sinken. Außerdem können sie bei der Verschlimmerung bzw. bei der eventuellen Gesundung des Stimmenhörens eine große Rolle spielen.

Aus heutiger Sicht glaube ich, der Stimmen hörende Mensch muss sich der Frage stellen, was er selbst dafür tun kann, wieder stärker in die gesellschaftlichen Prozesse integriert zu werden, wieder stärker am äußeren Leben teilnehmen zu können. Üblich ist, dass sich zuerst die Stimmenhörenden durch ihr Stimmenhören verändert haben. So ist es nur logisch, dass wir ihnen sagen müssen: Ihr seid es, die die notwendigen Schritte zu unternehmen habt! Es stellen sich gleich mehrere Fragen:

- Was habe ich als Stimmenhörender unternommen, unvoreingenommen die anderen Menschen zu betrachten und auf sie zuzugehen?
- Denke ich von diesen Menschen in Güte oder in der Kategorie von Vorwürfen?
- Wann habe ich mit ihnen zuletzt unvoreingenommen kommuniziert?

Aber auch solche Fragen sind erlaubt:

- Wann habe ich zuletzt die Schönheit der Natur bewundert und mich trotz meines Stimmenhörens daran erfreut?
- Wie freundlich ist mein Denken und Fühlen, somit auch mein Auftreten überall?

Es gilt, als Stimmen hörender Mensch nicht nur in sich selbst hineinzuhorchen, sondern auch ständig das eigene Wirken auf die Außenwelt wahrzunehmen und schließlich zu normalisieren. Damit meine ich nicht, einfach nur eine freundliche und zugängliche Maske aufzusetzen.

Die entscheidenden Prozesse beginnen im Innersten.

Zuerst geht es nach meiner Erfahrung um Demut vor den Lebensprozessen. Und damit meine ich alle Lebensprozesse. Diese Haltung prägt dann die Beziehungen zu den Menschen, Tieren, Pflanzen, letztlich zu der ganzen Schöpfung Gottes. Wenn es um die Beziehungen zu Menschen geht, ist es hilfreich, sich klar zu machen, dass in vereinfachter Sicht die Verhaltensweisen anderer Menschen gewissermaßen der Spiegel der eigenen Verhaltensweisen sind. Es dürfte der Grundsatz lauten: So, wie ich mich verhalte, so bekomme ich mein Verhalten zurück!

Daraus ergibt sich die Möglichkeit, Liebe, Friedfertigkeit, Verständnis, Nachsicht zu empfangen, wenn man bereit ist, aus tiefstem Inneren diese Tugenden auch an andere Menschen zu verschenken.

Eben in dieser Frage besteht bei den meisten Stimmenhörenden die größte Skepsis. Vieles Fühlen und Denken bei Stimmen hörenden Menschen dreht sich um die Angst, wieder einmal nicht verstanden und dadurch doch wieder verletzt zu werden. Dieses Verhalten ist gut nachvollziehbar, denn wir sind in der Regel sehr sensibel und damit verletzbar. So ist es noch dringender erforderlich, die Spirale, die in die falsche Richtung dreht, anzuhalten und schließlich zurückzudrehen. Das verlangt viel Mut, aber zuerst einmal die Einsicht: Ich muss mich so verhalten, wie ich es mir von anderen Menschen wünsche!

Mein Himmel auf Erden hat genau da angefangen, wo ich erkannte, dass ich wieder grundsätzlich gütig sein darf, wieder grundsätzlich die Liebe an die erste Stelle rücken sollte, wieder grundsätzlich tolerant zu anderen sein konnte. Diese, meine Erfahrung vermittelt eine tiefe Befriedigung, auf dem richtigen Weg zu sein, fernab von der Kaltherzigkeit vergangener Zeiten. Vieles, was ich früher kaum wahrgenommen habe, ist heute eine Quelle von Freude; z.B. gute Freunde, ein Lächeln, die unerschöpfliche Formenvielfalt in der Natur und v.a.m.

Ich denke, in die richtige Richtung zu gehen, ist ein äußerst wichtiges Gefühl. Es gibt den Stimmen hörenden Menschen die Sicherheit, auch vernünftig mit den Stimmen umzugehen. Meine Erfahrung war, dass die Stimmen ihre Schuldigkeit getan hatten, als sie mich zu einem großzügigeren Menschen erzogen hatten. Vielleicht steckt darin auch eine gewisse Gesetzmäßigkeit. Ich konnte großzügiger mit den Stimmen umgehen und deren Wirkung damit relativieren. Sie erlangten damit genau den Stellenwert, den sie verdienen.

## Von Angst und Hass zu Verzeihen und Liebe

Jetzt möchte ich die Frage in Angriff nehmen: Wie wirken sich Angst und Hass einerseits sowie Liebe andererseits auf die eigene Psyche aus?

Ausgehen möchte ich von einer Buchtrilogie des Autors Neale Donald Walsch mit dem Titel »Gespräche mit Gott«. In diesen Büchern vertritt »Gott« den Standpunkt, dass kein Ereignis, gleich welcher Art, beurteilt und schon gar nicht verurteilt werden darf. Es gibt vom Wesen her kein Gut oder Böse, kein prächtig und weniger toll – es gilt nur Geschehen an sich. Natürlich kann man werten, aber prinzipiell sind alle Handlungen und Tatsachen gleichberechtigt und führen irgendwann doch zum vorbestimmten Ziel.

In der Theorie ist diese Betrachtungs- bzw. Handlungsweise die weiseste Form, Liebe zu praktizieren. Man liebt gleichermaßen alles, was passiert ist. So funktioniert das Verhältnis von Gott zu den Menschen – vermittelt durch Walsch.

Nun haben wir Menschen Gefühle sowie die Angewohnheit, alle Gegebenheiten und Geschehnisse einzuordnen. Prinzipiell existiert für uns immer ein Gut und Böse, lediglich abhängig vom Standpunkt, von dem der Mensch aus urteilt.

Positiv empfundene Erlebnisse vermitteln uns ein gutes Gefühl und stützen den seelisch zufriedenen Zustand. Dieses Signal geht sowohl nach innen, in die eigene Seele, als auch wieder nach außen, wobei wir vielfältige Dinge widerspiegeln können – zum Beispiel Zufriedenheit, Liebe, Nachsicht, Freundschaft, Freude usw. Dafür gibt es viele Formen und Worte. Insbesondere nach außen bestimmen diese vorgenannten Formen der Liebe – ausgehend von der inneren Verfasstheit – unsere Beziehungsfähigkeit zu anderen Menschen.

Wie ist es aber bei Ereignissen, die negativ, sogar verheerend, empfunden werden? Interessant ist, dass der Mensch die Gabe besitzt, über längere Zeiträume negative Erlebnisse und Erfahrungen – wenn nicht verarbeiten – dann eben vergessen zu können. Nicht ausdrückbare bzw. ausgedrückte Gefühle wie Zorn, Wut, Angst und Hass gehen dann nach innen in die Seele, finden dort Eingang und vergiften gewissermaßen die Wahrnehmung, die mit dem Erleben von Beziehungen in Zusammenhang steht. Die innere Beschaffenheit der Seele signalisiert dann auch nach außen bestimmte negative Haltungen und Formen des seelischen, geistigen oder sogar des körperlichen Abwehrverhaltens. Dadurch wird die Beziehungsfähigkeit zu anderen Menschen stark beeinträchtigt. Manchmal geschieht das bewusst, meistens aber unbewusst.

Was hat das aber mit uns Stimmenhörenden zu tun? Stimmen hörende Menschen, die die Stimmen als positive Bereicherung des Lebens empfinden, haben in der Regel keine Probleme mit der Beziehungsfähigkeit, mit individuellen und gesellschaftlichen eigenen Verhaltensweisen. Sie haben auch keine großartigen seelischen Probleme mit dem Stimmenhören. Im Idealfall ist Stimmenhören grundsätzlich eher eine Gabe als eine Last. Der positive Umgang mit den Stimmen ist also der Zustand, dem sich die Stimmen hörenden Menschen annähern sollten. Völlig problemfrei wird ein solches Verhältnis aber nicht sein können.

Anders ist es, wenn die Stimmen nerven, sehr geballt auftreten und dazu noch negative Stimmungen und Gefühle ohne Ende erzeugen. Zum einen entstehen und regenerieren sich Zorn, Angst und Hass aus der Existenz dieser Stimmen. Die inhaltliche Ausgestaltung der Beziehungen zwischen Stimmenhörenden und Stimmen kann bis an krankhafte Zustände, an so genannte Psychosen heranführen. Insofern sind die Beziehungen zu den Stimmen in den allermeisten Fällen äußerst problembehaftet.

Dazu kommt oftmals eine zweite Quelle von Zorn, Wut und Hass. Diese Gefühle richten sich gegen den wirklichen oder vermeintlichen Verursacher, nach dessen Taten oftmals die Stimmen erst kamen. Das kann eine traumatische Begegnung, ein traumatisch empfundenes Ereignis oder eine Gewalttat sein, deren Opfer man wurde. In diesen Fällen wird an die Verursacher tagtäglich durch böse anmutende Stimmen erinnert.

Drittens kann Angst und Hass durch die Reaktion der Umwelt auf Veränderungen des Wesens von Stimmen hörenden Menschen zurückgehen. Manchmal verlassen die Lebenspartner die veränderten Stimmenhörenden, manchmal gehen Freunde und Bekannte auf Distanz, in vielen Fällen bekommen Stimmenhörende Ärger mit dem Vermieter, dem Arbeitgeber oder sonstigen wichtigen Bezugspersonen. Stimmen hörende Menschen rutschen oftmals die soziale Stufenleiter kontinuierlich nach unten. Die Reflexion solcher Begebenheiten wirkt sich verheerend auf die Seele, den Geist und sogar auf den Körper aus. Sogar engste Verwandte und Freunde verstehen die vor sich gehenden Prozesse nicht mehr. Alles zusammengenommen geraten Stimmen hörende Menschen zumeist in eine aussichtslos scheinende Position, oftmals in die Isolation und innere Emigration.

Es ist wichtig, diese Ausgangsposition genau und sensibel zu registrieren, weil sie die Grundlage eines einigermaßen zutreffenden Verständnisses ist. Auch Stimmenhörende selbst sollten wissen, wie ihre innere und äußere Befindlichkeit, ihr Erscheinungsbild wirkt, sowohl nach innen in die eigene Psyche als auch nach außen. Die Stimmen hörenden Menschen, die sich über Jahre hinweg mit negativen Stimmen auseinander zu setzen haben, sind zweifellos von Ärger, Zorn, Wut, Angst und Hass vergiftet. Innerlich vergiftet – bis in die Seele und in den Geist. Bei den Gefühlen dominieren oft Resignation bzw. der brennende Wunsch nach Sühne und Rache. Ihr äußeres Erscheinungsbild ist »vergiftet«, verursacht durch ihre innere Verfassung.

Wo – so stellt sich die Frage – ist da noch Platz für alle möglichen Formen der Liebe? Dabei denke ich an Freude, Freundschaft, positive Leidenschaften, Zufriedenheit, Nachsicht mit anderen Menschen und v.a.m. Eben dieser Frage müssen wir, denen das Schicksal der Stimmenhörenden am Herzen liegt, uns verstärkt zuwenden. Vielleicht hatten Sie beim Lesen der vorangegangenen Zeilen das Gefühl, dass ich zu schwarz male. Nein, es ist oftmals die Hölle, in der Stimmen hörende Menschen stecken können. Sie wissen nicht mehr, was sie tun können, damit es überhaupt weitergeht. Sie haben den Willen, doch nichts will ihnen richtig gelingen. Die Spirale aus innererer Verzweiflung sowie Unverständnis und Ablehnung von außen dreht sich scheinbar unaufhaltsam.

Auch ich habe den Weg gehen müssen, von der total vergifteten Seele, dem vergifteten Geist bis hin zu einem Innenleben, das wieder offen dem Leben zugewandt ist. Es ist kein leichter Weg, aber ein lohnender.

Was sollten also Stimmen hörende Menschen tun, um die negative Gefühls- und Gedankenwelt wirklich hinter sich zu lassen? Ich habe die Erfahrung machen müssen, dass der Weg weg von der inneren Vergiftung nur in kleinen Schritten zu absolvieren ist. Eigentlich muss sich jede/r Stimmenhörende auf den für ihn/sie passenden Weg begeben, auf den Weg, den die jeweils speziell strukturierte Persönlichkeit zulässt. Ich will erzählen, wie es mir ergangen ist, auf meinem speziellen Weg.

Zuerst entschied ich, als ich erkannte, dass die Stimmen nicht alles können, was sie angedroht hatten, dass ich mich von innen her heilen muss. Meine widersprüchliche Ausstrahlung, die für andere nicht nachvollziehbar war, hing damit zusammen. Ich musste etwas tun! Ich musste mich in Beziehung zu anderen Menschen und zu meinen Stimmen neu positionieren. Dabei bin ich später oftmals völlig im Dunkeln getappt, ohne zu wissen, welche Resultate meine »Innenarbeit« haben würde. Doch ich ließ mich davon nicht entmutigen, sondern vertraute auf meinen Instinkt, auf dem richtigen Weg zu sein.

Zuerst stellte ich die Frage: Wem kann ich denn verzeihen? Da stand jeder mir nahe stehende Mensch und jede aktuelle Stimme einzeln auf dem Prüfstand. Ich habe jedem verziehen, der es verdient zu haben schien, jedem einzelnen und das ausdrücklich im Geiste und zunehmend auch im Gefühl. Geist und Seele haben wieder zusammengearbeitet, haben nach vielen Jahren gemeinsam eine eindeutig positive Arbeit geleistet. Es hatte die Entgiftung von Geist und Seele begonnen. Wenn jemand erwartet, dass sich danach schon etwas ereignet hat, den muss ich enttäuschen. Auch heute bin ich mit dieser Arbeit noch nicht fertig. Spektakuläre Ereignisse sind damals nicht aufgetreten. Meiner »Ekelstimme« – dem jeweils führenden Teufel – und einigen anderen konnte ich damals lange nicht verzeihen.

Mitten im Prozess der inneren Annäherung an liebe und weniger liebe Menschen und Stimmen durchzuckte mich der Gedanke, dass ich anderen Menschen und vom Prinzip den Stimmen wohl ähnliches angetan hatte. Also, dachte ich, muss dieser Vorgang auch in entgegengesetzte Richtung gehen. Ich erkannte, dass es dabei ausschließlich um mich, um meine Gefühle und Gedanken zu gehen hatte. Um Verzeihung muss ich bei all denen bitten, denen ich irgendwann etwas angetan habe. Vielleicht muss ich zu jedem hingehen oder hinfahren und diese Arbeit öffentlich machen? Aber wie verfahren mit einem verstorbenen Freund, den ich einmal arg hinter's Licht geführt hatte? Ich entschloss mich endlich, auch diese Arbeit nur im eigenen Körper, mit Hilfe von Seele und Geist zu tun. Nun ja, so dachte ich, nichts einfacher als das – in ein paar Stunden sollte die Arbeit wohl zu schaffen sein. Aber weit gefehlt! Diese Aufgabe des Verzeihens und Um-Verzeihung-Bittens wird wohl mein Leben lang anhalten. Diese Arbeit hat zu völlig neuen Einsichten bei mir geführt.

Die »Ekelstimme« hatte mir nach meinem Empfinden zu viel Leid zugefügt. Dieses Leid müsse, so damals meine Überzeugung, auf alle Fälle gesühnt werden. Es dürstete mich regelrecht nach einer entsprechenden Racheaktion. Aber, so stellte ich deprimiert fest, auch ich hatte mich wohl nicht korrekt verhalten. Ich hatte tausende Flüche ins Universum gegen die Hölle geschickt, die mich plagte, und hatte manchmal sogar den Tod der nervigsten Stimmen herbeigesehnt. Welche Taten, welche Gedanken, welche Gefühle können noch schwerer wiegen, als die eigenen, die plötzlich viel Schuld auf sich geladen hatten? Erschrocken stellte ich fest, dass meine Gedankenwelt geprägt war von Gewalt, verdorbenen Gedanken, schlechten Gefühlen und Manieren. Ich musste mir also zu meiner Person eine ganz neue Haltung erarbeiten. Darf ich ungestraft diese bösen Gedanken und Gefühle kultivieren? Darf ich eine Schuld gegen die andere stellen und aufwiegen? Funktioniert so das Prinzip der Liebe? Und viele andere Fragen bewegten und verunsicherten mich. Ich begann ernsthaft, über mein Innenleben und über meine Beziehungen nachzudenken. Erstmals nach langer, langer Zeit konnte ich mich wieder einordnen. Erstmals nach vielen psychotischen Zuständen habe ich mich – mein Fühlen, Denken und Handeln – wieder im Spiegel anderer, mir vertrauter Personen und Stimmen real betrachten können. Nicht nur alle registrierten Tatsachen, sondern meine Reflexionen, meine innere Verarbeitung der Vorgänge waren wohl dabei das Entscheidende.

Es war also klar geworden: Ich war nicht nur Opfer meiner Stimmen, sondern Täter in Bezug auf die Stimmen, aber auch in Bezug auf liebe Menschen, die noch zu mir standen. Das ließ die innere Arbeit in einem anderen Licht erscheinen.

Es müssen erst einmal ein Großteil von Angst, Wut und Hass aus der Verantwortung entlassen werden, bevor das allumfassende Prinzip der Liebe sich durchsetzen kann.

Lesen Sie, liebe Leserin, lieber Leser, den vorangestellten Satz bitte mehrmals, weil er wahrscheinlich der bedeutendste ist, den ich je schreiben kann.

Offenbar wurde, dass meine innere Verfassung und meine äußere Ausstrahlung unmittelbar zusammengehören. Es war also erforderlich, die innere Arbeit zu ergänzen mit einer liebevollen Fürsorge für die mich umgebenden Menschen. Um das Ergebnis vorwegzunehmen: Erst als ich einen Schritt weiter war und die Depressionen überwunden hatte, wurden erste Erfolge sichtbar. Zum damaligen Zeitpunkt wirkte meine angebliche Fürsorge – weil komplett aus dem Zusammenhang gerissen – eher aufgesetzt und ich erntete völliges Unverständnis.

Mit der Einsicht, im Fühlen und Denken oftmals schwerer Täter gewesen zu sein, erhielt die innere Arbeit erneut ein ganz anderes Gewicht. Ich musste angesichts der eigenen Schuld noch einmal von vorn anfangen – diesmal mit richtig tiefen Gefühlen des Bedauerns und der Reue. Es war mir endlich bewusst geworden, wie sehr ich mich in der Vergangenheit zu meinen Ungunsten entwickelt hatte.

Besonders schwer ist mir die offene Auseinandersetzung mit den vermeintlich negativen Stimmen gefallen. Ich war immer noch gefangen in der Ansicht, Schuld gegen Schuld aufwiegen zu müssen. Doch schließlich setzte sich die Erkenntnis durch: Ich habe für alle meine Gefühle, Gedanken und schließlich auch Taten gerade zu stehen und in diesem Sinne behandelte ich später auch meine Stimmen. Meine Schuld ist das Eine, die mögliche Schuld anderer das Andere.

Bisher war ich ohne nennenswerte Rückmeldung vonseiten der Stimmen. Als ich mich schließlich beim Teufel persönlich entschuldigte, diesmal mit aufrichtigem Bedauern, begann der Prozess des äußeren Gelöstseins, des Verschwindens der Depression und des Aufblühens einer echten Lebensfreude. Gleichzeitig begann der allmähliche Rückgang des Stimmenhörens – wie in vorhergehenden Abschnitten beschrieben.

So etwa war mein Weg wieder zurück in ein schöneres und normales Leben. Ich glaube, dass jede Stimmenhörerin und jeder Stimmenhörer selbst den passenden Weg suchen muss, um schließlich das Ziel eines mit allen möglichen Formen der Liebe beheimateten Menschen zu erreichen. Vielleicht ist es eine wichtige Erkenntnis dabei, tief die eigene Schuld, die eigenen Ängste, den eigenen Hass zu erkennen und zuzulassen, um dann die eigene Person bewusst mit Liebe aufzufüllen.

Ich habe nach vielen Gedanken auch schließlich Einsichten erlangt, die mich meiner damaligen Gefühle und Gedanken schämen lassen. Zum Beispiel habe ich herausgefunden, dass gerade die so genannten destruktiven Stimmen den Weg geebnet haben in eine neue Lebensbahn, die auf mich passt. Somit blicke ich heute mit Liebe auf alle Stimmen, die nur noch bei Meditationsübungen erscheinen. Sie alle sind meine Gäste und Freunde geworden.

Vielleicht ist die Liebe, wie dies eingangs über Gott und die Menschen geschildert worden ist, die wohl beständigste, weil sie in keinem Fall verurteilt, weil sie bedingungslos ist.

Ich glaube, wir Stimmenhörenden brauchen die vielfältigen Formen der Liebe in uns genauso wie das tägliche Wasser und Brot.

## Die Bedeutung des Reflektierens

Jeder Mensch erlebt tagtäglich hunderte von wichtigen und weniger wichtigen Ereignissen. Diese objektiven Geschehnisse und Tatsachen müssen subjektiv verarbeitet werden und gelangen entsprechend reflektiert (je nachdem, wie ich denke und fühle) ins Bewusstsein oder/und auch ins Unterbewusste. Nicht die tatsächlichen Gegebenheiten sind es, die ein ganzes Geflecht von Ansichten, Meinungen, Gefühlen und Gedanken produzieren, sondern eher die darauf folgenden Reflexionen. Tatsachen sind vielfältig zu sehen und erlebbar, die Reflexion darauf ist eine ganz bestimmte, von der persönlichen Struktur her geprägte Widerspiegelung. Trotz der vielfältigen Möglichkeiten, Tatsachen zu erleben, kann ich die Tatsachen selbst später nicht rückgängig machen oder verändern. Verändern oder ersetzen kann ich nur jederzeit die Reflexionen darauf. Und das muss ich bewusst machen, also an mir selbst, in meinem Innern arbeiten. Diese innere Arbeit will ich an einem Beispiel verdeutlichen.

Die Beobachtung zeigt, dass Stimmenhören im Zusammenhang mit einem früheren traumatischen Erlebnis stehen kann. Demjenigen, der das Erlebnis zu verantworten hat, wünschen die Stimmenhörenden möglicherweise hundertmal den Tod oder würden ihn am liebsten »zum Teufel jagen«. Natürlich vollzieht das der Stimmenhörende nur in seiner Gedanken- und Gefühlswelt. Interessanterweise geht es später nicht mehr nur um die Aufarbeitung von Reflexionen über das Trauma, sondern auch um die hundertmaligen Flüche, die »in den Äther geschickt« wurden. Welche Tat wirkt nun schwerer? Die Tat, die das Trauma verursachte oder die Tat der hundertmaligen Flüche?

Dies alles sollten Therapeuten berücksichtigen. Bei mir jedenfalls haben die Stimmen aufgehört zu agieren, als ich auch meine eigene gedankliche und gefühlsmäßige Schuld aufgearbeitet hatte. Ich habe also alte Reflexionen durch neue bewusst ersetzt, ohne an den vorangegangenen Fakten etwas geändert zu haben.

Ich glaube, diese Gedanken sind wesentlich bei der Heilung psychischer Notzustände. Es gilt also nach meiner Meinung festzuhalten, dass Reflexionen und Bewertungen auch im Nachhinein verändert, ergänzt oder sogar gänzlich ersetzt werden können, wenn neue ausgleichende Inhalte Berücksichtigung finden.

Wie soll dies aber bei einem Stimmen hörenden Menschen, der vorwiegend negativ beeinflusst wird, funktionieren? Die Stimmen reproduzieren in der Regel immer wieder diese negativen Gefühle und Gedanken, die entsprechend negativ verarbeitet und reflektiert werden. Wenn dies ununterbrochen geschieht, bildet sich ein Mechanismus heraus, der von Hass, Angst und möglicherweise Wahn geprägt wird. Dieser Mechanismus reproduziert die vorangegangene Reflexion durch negative Stimmen in neue negative Reflexionen, so dass die Spirale beständig abwärts zeigt und sich schließlich auch immer wieder selbst negativ reproduziert. Es bleibt keine wirkliche Zeit zur Besinnung, schon gar nicht zur Aufarbeitung aller möglichen Traumata.

Diese Darstellung lässt mich tiefer in den Mechanismus blicken, der auch bei mir über viele Jahre gewirkt hat. Als Fazit lässt sich festhalten, dass beständiges Reproduzieren von negativen Reflexionen kaum ein vorwärts weisendes Ergebnis haben kann.

Wo sollte ein Stimmenhörender oder ein Therapeut ansetzen?

Es gilt, vielleicht erst einmal eine neue Sicht auf die Stimmen zu bekommen.

Erste Reflexionen müssen wohl überhaupt erst einmal den positiven Bereich berühren. Dabei meine ich nicht die schon in der Vergangenheit liegenden Reflexionen und Bewertungen, sondern die aktuellen Ereignisse mit den Stimmen. Nicht zuletzt hat zu meiner Heilung sicher die unterschwellige Erkenntnis beigetragen, dass auch negativ scheinende Stimmen eine positive Wirkung auf die Veränderung meines Charakters haben durften.

Während der Aufschrei: »Gott, warum hast Du ...?« negative Gefühle des Unverständnisses impliziert, kann die Feststellung »Gott, ich danke Dir, dass Du ...!« bei gleichem Sachverhalt ganz andere Gefühle hervorbringen. Die bewusste Umkehr des vorwiegend negativ wirkenden Faktors Stimmenhören kann ein guter Anfang sein, dieses problematische Erleben in positive Impulse umzuwandeln.

Gezielt eingesetzte Reflexionen können also positive Ergebnisse des eigenen veränderten Denkens und Fühlens hervorbringen. Diese Herangehensweise kann auch ein Stimmenhörender recht schnell erlernen. An dieser Stelle möchte ich mich jedoch von der Theorie des positiven Denkens distanzieren. Mir geht es nicht darum, alles nur durch eine rosarote Brille zu betrachten, sondern vielmehr darum, aus dem Angebot der Stimmen das für die eigene Entwicklung Nützliche herauszufiltern. Der Nutzen sollte sowohl durch das Wachsen der eigenen Seele gekennzeichnet sein, als auch durch die damit eröffnete Möglichkeit, ältere Reflexionen und Wertungen letztlich noch bearbeiten zu können.

## Das Verlassen der Lebensbahn

Durch ein intensives Gespräch mit einem Freund kam ich auf die Idee, das Stimmenhören eng mit dem »Lebensplan« in Verbindung zu bringen, nämlich dann, wenn der Stimmen hörende Mensch aus der ihm vorgegebenen Bahn geworfen wurde.

Der Freund erzählte mir Folgendes: Als Kind und Jugendlicher war er eher unauffällig und vom Charakter her regelrecht weich. Später wollte er »cool« drauf sein und schloss sich der Rockerszene an. Er schlüpfte damit in eine völlig konträre Identität, spielte gewollt eine Rolle, die nicht zu ihm passte. Während dieser Zeit begann er, Stimmen zu hören. Als er sich von der Rockerszene wieder löste und in seine alte Identität zurückfand, verschwanden die Stimmen wieder. Er wurde wegen der Stimmen nie von Psychiatern behandelt.

Auch wenn dies ein sehr einfaches Beispiel ist, so charakterisiert es prinzipiell auch meine Situation während der vielen Jahre des Stimmenhörens. Ich habe mich in die Arbeit gestürzt, wollte prinzipiell auch ein Anderer sein, als ich von der Anlage her zu sein schien.

Mein damaliges Leben war geprägt von ständiger geistiger und körperlicher Überforderung. Meine Devise war, heute besser zu sein als gestern und morgen besser als heute. Und so, wie ich mich selbst gejagt habe, bin ich auch mit anderen Menschen umgegangen. Um meine seelische Verfassung habe ich mich damals nicht gekümmert.

Die folgenden Gedanken zum »Lebensplan« haben einen eher hypothetischen Charakter. Wenn ich behaupte, dass dem Menschen bereits mit der Geburt eine Charakterstruktur, eine bestimmte Struktur des Fühlens – also der Seele – mitgegeben wurde, dann empfindet das der Wissenschaftler anders als ein gläubiger Mensch. Der Wissenschaftler müsste wohl dabei annehmen, dass Gene für bestimmte Gefühlslagen verantwortlich zeichnen. Ein gläubiger Mensch wie ich würde in dieser Beziehung wohl eher einen begründeten Plan Gottes dafür verantwortlich machen.

Die besondere Struktur jedes einzelnen Menschen beim Fühlen und Denken könnte zum einen erklären, warum so viele unterschiedliche Erlebnislagen beim Stimmenhören auftreten. Jeder Stimmen hörende Mensch empfängt andere Stimmen und Stimmungen. Bei jedem Einzelnen sollen wahrscheinlich ganz spezifische Korrekturen vorgenommen werden.

Zum anderen lege ich die Seelenäußerung des Menschen bewusst schon ins Säuglingsalter, weil dadurch die Möglichkeit besteht, das Stimmenhören schon bei Kindern zu erklären. In den allermeisten Fällen hat eine Krisensituation die Funktion des Auslösers beim Stimmenhören. Das kann auch bei Kindern so sein, die gewissermaßen relativ ungeschützt aus der vorgegebenen Bahn, der Persönlichkeitsäußerung, herauskatapultiert werden und unbewusst Ersatzidentitäten annehmen. Bei Erwachsenen kann eine solche Ersatzidentität auch bewusst angenommen werden, wenn sie zum Beispiel permanent Versagensängste oder andere Ängste verdrängen wollen. Die gewünschte zeitweilige Änderung der Identität des Freundes, von dem am Anfang berichtet worden ist, ist wohl die einfachste Form des Verdrängens. Er hatte die Möglichkeit, einfach zurückzufallen in die ihm »angeborene Lebensbahn« der Gefühle und Gedanken.

Auch bei mir war es relativ einfach, in die ursprüngliche Bahn zurückzufinden, weil kein offenbares traumatisches Erlebnis die Krise des Stimmenhörens ausgelöst hat.

Viel komplizierter erscheint mir ein Zurückfallen in die »normale« Lebensbahn, wenn starke traumatische Erlebnisse zur Ursache des Stimmenhörens geworden sind. Aber, so frage ich als gläubiger Mensch, hätte Gott noch ein stärkeres und eindeutigeres Mittel als Stimmen schicken können, um auf die Unausgewogenheit im Seelenleben hinzuweisen und Veränderungen besonders im Fühlen und Bewerten zu fordern?

Das Bild von der Lebensbahn, die bewusst oder unbewusst verlassen wurde und in bestimmten Fällen zum Stimmenhören geführt hat, könnte ein Schlüssel zum Verständnis werden, mit welchen Inhalten und in welcher Weise sich die Stimmen konkret äußern. Schlussfolgerung sollte sein, auf die ursprüngliche Lebensbahn zurückzuführen und zwar anhand der Aussagen der Stimmen.

Erst sehr, sehr viel später, als die Stimmen schon aufgehört hatten zu agieren, habe ich diesen Mechanismus erkennen können. Er gipfelte in der bereits erwähnten Aussage: »Die Stimmen, so deprimierend sie auch gewirkt haben, haben mich schließlich zu Tugenden im Denken und Fühlen zurückgeführt, die längst vergessen schienen.« Eben diese Tugenden in Kindheit und Jugendzeit aufzuspüren, dies gehört meines Erachtens auch beim Stimmenhören zur obersten Priorität im Suchen nach gangbaren Wegen aus den Krisensituationen.

Zu berücksichtigen ist dabei – wie einige Wissenschaftler behaupten –, dass offenbar am Anfang und auch am Ende des Prozesses, beim richtigen Reflektieren der Stimmenhörersituation, ausgesprochen eindeutige Krisen liegen können.

Ob das Ende einer Stimmenhörerkarriere durch eine Krise herbeigeführt wird, erscheint mir nicht schlüssig. Viel mehr hängt die Lösung mit dem bewussten Auseinandersetzen inhaltlicher Problemstellungen zusammen.

Meine Erfahrung besagt auch, dass das notwendige Vertrauen, besonders in die eigenen auch neu erworbenen Verhaltensmuster, unabdingbar ist. Die Schlusszeilen eines Gedichts eines Stimmenhörers bringen es auf den Punkt:

»Die inneren Stimmen kamen, als ich mein Urvertrauen verloren habe.«

Besser kann man die Situation eines Stimmen hörenden Menschen kaum beschreiben.

## Die Angstspirale durchbrechen

Stimmenhörerinnen und Stimmenhörer werden oft und lang andauernd von ausgeprägten Ängsten geplagt, die bei genauerem Hinsehen zumeist unbegründet erscheinen. Woraus ergibt sich dieses Phänomen?

Ich glaube, es lohnt sich, diese Zusammenhänge genauer zu betrachten.

Bei mir zum Beispiel haben die Stimmen sehr massiv immer wieder gedroht, mich umzubringen, wenn ich mich nicht wohlverhalte. Das waren immer sehr bedrohlich erscheinende Situationen, die enorme Ängste – Todesängste – hervorriefen. Das müssen Sie sich so vorstellen, dass ich zitterte und dies gleichzeitig zu unterdrücken versuchte. Mir brach der Angstschweiß aus und es war mir peinlich. Ich versuchte, davonzulaufen. Das war jedoch prinzipiell zwecklos, denn die Stimmen folgten mir überallhin. Manchmal stemmte ich mich trotzig gegen die Drohungen und vollzog doch Handlungen, die irrational waren. Insgesamt beherrschte Angst das Verhältnis zu vielen Stimmen – allerdings auch die Angst, doch zu versagen im Kampf gegen die Stimmen. Ängste hatten wohl einen entscheidenden

Anteil an dem oftmaligen Abrutschen in psychotische Zustände.

Zuerst traute ich mich nicht, mit anderen Menschen darüber zu sprechen, weil ich durch die Stimmen ein Sprechverbot erhalten hatte. Erst viel später kamen Trotzreaktionen meinerseits hinzu und ich begann, darüber gelegentlich und vorsichtig zu sprechen. In mir entwickelte sich ein gewisser Fatalismus. Ich war widerstrebend bereit, mein Leben zu riskieren. Erster Widerstand formierte sich, indem ich nicht mehr alle Bedingungen der Stimmen akzeptieren wollte und wohl auch nicht mehr konnte. Als Nächstes war ich dann bereit, das Leben einfach wegzuwerfen, und die Phase der Depressionen begann. »Sollten sie mich doch töten«, dachte ich bei mir. Eine gewisse Todessehnsucht reproduzierte die Depression auf einer immer höheren Stufe.

Erst, als ich zu erkennen glaubte, dass die Stimmen diese Drohungen nicht wahrmachen können, begann der Umschwung und es eröffneten sich neue Wege. Wie geschildert, habe ich schließlich durch Aufarbeiten von Schuldkomplexen die Depression überwinden können und eine ganz neue Sichtweise auf die »Machenschaften« der Stimmen gewonnen.

Was war in den vielen Jahren mit den Stimmen geschehen?

Ich habe auf eine Gefahrensituation, nämlich den drohenden Tod, ganz normal reagiert. So reagieren auch andere Menschen in Gefahrensituationen: mit Vermeidungen, mit Weglaufen, mit Kampfbereitschaft und mit dem Sich-Ergeben in das unabwendbar scheinende Schicksal. Es gibt nur einen Unterschied zu uns Stimmen hörenden Menschen – die real gespürte Gefahr ist von niemandem anderen zu erkennen. Für Außenstehende ist dies alles gewissermaßen eine Pseudogefahr. Nimmt man den Standpunkt ganz »normaler« Menschen an, folgt auf eine nicht zu verstehende Pseudogefahr ein nicht zu verstehendes Angstbild, das verständlicherweise irritiert und nicht nachvollzogen werden kann.

Wichtig ist, den Stimmen hörenden Menschen zu erklären, dass ihre Stimmen oftmals Pseudogefahren heraufbeschwören, die auf andere Weise als mit Ängsten und Vermeidungen beantwortet werden sollten. Um dies volkstümlich auszudrücken: Stimmen spinnen oft! Stimmen dürfen auch ruhig einmal nicht ernst genommen werden!

Warum aber dann das aufwendige Spiel der Stimmen? Bleiben wir bei meinem Beispiel. Die Stimmen suggerierten mir, dass ausschließlich ich mein Leben in den Händen hielte. Sie gaben mir anscheinend die Entscheidung in die Hand, kurzfristig zu sterben oder den Tod zu vermeiden, je nach Wohlverhalten ihnen gegenüber.

Ich hatte also ständig dafür zu sorgen, nicht sofort sterben zu müssen, in jeder einzelnen Minute. Wörtlich genommen war das natürlich Unsinn, im übertragenen Sinne hatten sie aber Recht. In jeder Minute halte ich mein Leben, meine Gesundheit und mein Wohlbefinden in der Hand; bei der Ernährung, bei der Achtsamkeit im Straßenverkehr usw.

Vorher hatte ich keinerlei klare Haltung zum Thema »Leben und Tod«. Ich schob dieses Problem nur vor mir her. Es war wohl an der Zeit, einen richtigen Standpunkt zu beziehen, mich zu positionieren. Also kam ich schließlich zu der »Hilfskonstruktion«, mein Leben in Gottes Hände zu legen. Diese »Methode« ist nichts anderes, als wieder ein Urvertrauen zur Natur, zu dem normalen Gang der Dinge zu finden. Das ist pures Vertrauen zu Naturgesetzen, für mich pures Vertrauen zu Gott. Der ständig lastende Druck ist nun von mir genommen – das Beste, was mir in meiner Situation passieren konnte.

Andererseits habe ich oftmals wichtige Entscheidungen in meinem Leben einfach nicht getroffen, weil ich vor allem gegen meine Natur gelebt habe. Ich habe durch die Stimmen die Lehre vermittelt bekommen, dann zu entscheiden, wenn ich gefordert werde. Das sind täglich mehrere Entscheidungen, kleine wie große – eine wunderbare Erkenntnis. So, glaube ich, haben Stimmen Sinn und Berechtigung erlangt.

Aber nicht alle Begegnungen mit Stimmen sind so dramatisch und auf den ersten Blick sinnvoll wie im vorstehenden Beispiel. Manche Stimmen behaupten zum Beispiel, Stimmen hörende Menschen seien Schlampen oder Hurenböcke. Das Repertoire der Schimpfworte kann dabei unerschöpflich sein. Ständig diesen Beschimpfungen ausgesetzt, habe ich an diesen Menschen fast gleiche Ängste erkennen können.

Zuerst glauben sie an diese Worte, denn aus Gedankenkonstruktionen oder minimalen Begebenheiten scheinen sich diese Worte irgendwie zu bestätigen. Dann vollzieht sich ein folgenschwerer Schritt – sie nehmen an, dass andere Menschen eben dies auch wüssten, und versuchen, die vermeintlichen eigenen »Schattenseiten« vor anderen Menschen zu verbergen; auch dann, wenn diese nur Pseudowissen sind, also in Wirklichkeit gar nicht existieren. Man kann sich gut vorstellen, wie sich dieser Prozess verselbständigt. Es ist ein ständiger Kreislauf, in dem die Wirkungen auf andere Menschen kontrolliert werden. Es gibt also nichts Schlimmeres, als eine angebliche Schlampe oder ein angeblicher Hurenbock zu sein. Schließlich bekommen die Stimmen hörenden Menschen panische Angst vor diesbezüglichen Regungen oder Reaktionen anderer Menschen.

Ständig auf diese angeblich »schwachen Seiten« aufmerksam gemacht, verkrampft sich jede normale Beziehung und jeder normale Wunsch auf Nähe zu besonders geliebten Menschen. Es ist ein Karussell der unlauteren Gedankengänge sogar bis hin zu möglichen Aktionen der Selbstzerstörung. Auch diese Menschen entwickeln ein ganz normales Angstverhalten.

Wir hatten ja bereits die »normalen« Reaktionen für Gefahrenabwehr bzw. -beseitigung kennen gelernt: Vermeidung, Weglaufen, Kampfbereitschaft, Sich-Ergeben in das unabwendbare Schicksal. Diese Mechanismen funktionieren auch hier perfekt, allerdings werden sie noch viel weniger von »normalen« Menschen erkannt und verstanden. Man stößt auf Unverständnis, denn meistens kann die Umwelt dieses Selbstverständnis der »Schlampen und Hurenböcke« überhaupt nicht nachvollziehen.

Es kann alle möglichen Situationen und Motive geben, ausgeprägte Angstzustände zu entwickeln, zu kultivieren, stets aus sich selbst heraus zu reproduzieren und an ihnen festzuhalten.

Diese Angstspiralen sind dann oft insofern noch schlimmer als die direkte Todesdrohung, weil praktikable Erfahrungen beim Abwenden der sich immer massiver wiederholenden Gedankengänge fehlen. Man kann den Stimmen nicht einfach sagen, sie hätten Unrecht, weil immer wieder Gedanken und Wünsche auftreten, dieses Schlampe-sein auszuleben oder doch allen möglichen sexuellen Bedürfnissen nachzukommen. Man kommt viel schwerer an den Kern der wahren Problematik.

Sagt man diesen betroffenen Menschen, sie sollten einfach anerkennen, eine »leichte« Schlampe oder ein »nicht so großer« Hurenbock zu sein, dann wenden sie sich ganz vehement gegen einen solchen Vorschlag – das besagt meine Erfahrung. Die Kränkungen und Verunsicherungen – von Stimmen und Mitmenschen ausgelöst – sitzen viel zu tief, um nur einen kleinen Schritt hin zur Großzügigkeit zu tun. Eben dieses Beharren auf dem eigenen und niemals als stur zugegebenen Standpunkt bewirkt das große Gegenpotential, das von den Stimmen ausgeht. Man handelt schließlich nur noch gegen die vermittelten Inhalte der Stimmen, bezieht meistens eine konsequente Antihaltung. Auf der Strecke bleibt meistens der gesunde Menschenverstand, das Vermögen, trotzdem noch frei zu entscheiden.

Als entscheidendes Manko erweist sich schließlich die fehlende Großzügigkeit, das sture Beharren und meistens auch das angeschlagene Selbstwertgefühl. »Gegenmittel« sind dann natürlich: großzügiger mit sich, mit Stimmen und mit anderen Menschen umzugehen; eigene Positionen auch aufgeben zu lernen und das Selbstwertgefühl zu stärken.

Es lohnt sich, alle durch die Stimmen angesprochenen »Problemfelder« mit sehr viel Geduld zu betrachten und dabei auf seine Gefühle zu achten. Das könnte im oben beschriebenen Beispiel eine starre und fatalistische Haltung zu sexuellen Problemen, zur Sexualität insgesamt, entscheidend verändern. Natürlich gilt das auch für andere Probleme.

Ich habe die Erfahrung am eigenen Leib spüren müssen, dass Selbstwertgefühl und Sexualität ganz starke Triebfedern in der persönlichen Entwicklung sein können. Heute weiß ich, dass ich mich bei beiden Problemfeldern genau in der Mitte einordnen darf. Ich habe »meinen Platz« gefunden. Das relativiert ganz entscheidend die Aussagen der Stimmen.

Wichtig und zudem Erfolg versprechend scheint mir das Denkmodell zur Einleitung einer so sehnlich erhofften Veränderung, nämlich die Stimmen dem eigenen Denken, Fühlen und Handeln gegenüberzustellen. Auf der einen Seite gibt es Stimmen – gut – eine offenbar unumgängliche Tatsache! Auf der anderen Seite aber steht der Stimmen hörende Mensch mit eigenen Gedanken, Gefühlen und eigenem Willen. Vielleicht kann dadurch die Fundamentalopposition durchbrochen werden – ein erster Schritt zur eigenen Flexibilisierung, ein erster Schritt wieder hin zu einem ungestörten Verhältnis zu anderen Menschen.

Aber viel wichtiger als das Verhältnis zu anderen Menschen ist das Einssein mit sich selbst. Diese Erkenntnis ist mir besonders wichtig. Erst wenn ich mich selbst annehmen darf und kann, wie ich wirklich bin, erst dann kann sich das Verhältnis zu anderen Menschen entscheidend verbessern.

Ich selbst bin jetzt ein zufriedener, in mir selbst ruhender Mensch, der weiß, dass ausgewogene, innere Werte viel wichtiger sind als Äußerlichkeiten, Geld und Karriere. Ich weiß, der Weg dorthin war und ist nicht einfach, aber er lohnt sich.

## Eine etwas andere Sicht auf das Gehirn

Die Frage nach der Herkunft der Stimmen ist wohl die spannendste beim Stimmenhören überhaupt. Ich selbst habe sie mehrmals unterschiedlich beantworten müssen und immer mit neuen Inhalten und Aspekten versehen. Jetzt, nachdem die Stimmen aufhörten, mich zu nerven, habe ich eine andere Erklärung gefunden.

Unser Gehirn teile ich – bildlich gesprochen – in zwei große Abteilungen. Es gibt dort ein Oberstübchen, das Gedanken und Gefühle sortiert. Dort wird »geputzt«, aufgeräumt und nach Wertigkeit eingeordnet. Das, was nicht mehr gebraucht wird oder bewusst weggedrückt werden soll, wird aussortiert. Diese Abteilung nenne ich Bewusstsein.

Die aussortierten Gedanken, Eindrücke, Erlebnisse und Gefühle übernimmt dann die zweite Abteilung. Es fällt dort auch das Systematisieren weg, wahrscheinlich erfolgt nur eine Traumverarbeitung. Es ist das Unbewusste bzw. Unterbewusste, das ich mir wie einen fast dunklen Sack vorstelle, in den alles Mögliche gestopft wird. Gerade dann, wenn Traumata unverarbeitet dort einfließen, wenn Probleme und unangenehme Gefühle dorthin gelangen, entsteht sinnbildlich ein Überdruck.

Wenn der Überdruck den Sack an einer Stelle zum Platzen bringt – das geschieht nach meiner Meinung zuerst bei sensiblen Menschen –, werden verschiedene unverarbeitete Probleme, Gefühle und Gedanken vermittels von Stimmen wieder in das Bewusste gespült.

Da wir oft unangenehme und nicht zu verarbeitende Dinge wegdrücken, ergeben sich zumeist fürchterlich negative Aussagen, die zudem noch die Stimme von lebenden oder schon verstorbenen Bezugspersonen haben können. Durch die fehlende Verarbeitung von uns selbst erscheint oft der Eindruck, dass die Stimmen Unsinn reden oder gar nichts mit uns zu tun haben. Sie werden als Feinde angesehen, mindestens aber als Störenfriede und Fremdkörper. Über zehn Jahre hatte ich nichts anderes zu tun, als mich gegen die Stimmen zu stemmen, sie bildlich gesehen wieder in den Sack zurückzustopfen. Natürlich ist mir das nicht gelungen. An der Intensität der Stimmen änderte sich nichts, aber die Inhalte des Gesagten behandelten ein für mich wichtiges Thema nach dem anderen. Ich begann zu staunen.

Ja, ich hatte Probleme mit der Anschauung von der Welt und der Natur. Ja, ich hatte Probleme im Umgang mit anderen Menschen. Ja, ich hatte Probleme mit dem Selbstwertgefühl. Ja, ich hatte Probleme mit der Sexualität. Ja, ich hatte Probleme in der Ansicht über Leben und Tod. Ja, ich hasste... Ja, ich hatte viele Ängste. Ja, ich war abgestumpft und lebte insgesamt ein trostloses Leben. Ja...

Mit einer furchtbaren Präzision hatten die Stimmen all das mit wahren Katastrophen aufgedeckt, was ich bewusst vermieden hatte, zu fühlen und zu denken. Wie viele Menschen hatte ich beleidigt, nicht wahrgenommen oder vor den Kopf gestoßen? So viele Fragen und plötzlich auch die Antwort: Ich bin die Schlüsselfigur, nur mir gilt das Stimmenhören!

Während des Stimmenhörens ging ich schon unbewusst an die Lösung von aufgeworfenen Problemen. Nachdem ich erkannte, dass die Stimmen viel Richtiges sagten, begann ich, diesen Stimmen bewusster, kollegialer und entspannter entgegenzutreten. Lass den Stimmen die Macht, mich aufzuklären, was in das Oberstübchen zurückzukehren hat, dachte ich. Ich ging selbstbewusst und gar nicht mehr ängstlich an die Aufarbeitung der verdrängten Themenvielfalt. Frieden und Freundlichkeit brachte ich wieder in mein Denken und Fühlen zurück. Nach einer längeren Zeit der Aufarbeitung verschwand der besagte Überdruck und damit auch prinzipiell das Stimmenhören.

## Wie ich die Psychiatrie erlebt habe

Wenn ich an wirkungsvolle Hilfe denke, denke ich in erster Linie an die professionelle Psychiatrie. Die Psychiater hatten am Anfang einen Vertrauensvorschuss, denn sie versprachen, schnell helfen zu können. Erlebt habe ich jedoch, dass sie sich um den Dopaminstoffwechsel und um Psychopharmaka, nicht aber um meine angeschlagene Seele kümmerten. Für mich ist unverständlich, dass sich Psychiater und Psychologen aller Richtungen eher bekämpfen, als zusammenzufinden. Wir bräuchten zur rechten Zeit dringend gleichermaßen die Beschäftigung mit sozialen Faktoren, die Verwendung wirklich passender Medikamente, Gesprächstherapien als auch das zugewandte Arbeiten mit den Gefühlen. Dennoch, ohne den starken Willen eines jeden Stimmen hörenden Menschen, sich aus ihrer/seiner verfahrenen Situation herauszuziehen, geht gar nichts – da können Ärzte und Psychologen noch so gut sein.

Diesen Willen zu aktivieren, bemühen wir uns im Netzwerk Stimmenhören besonders in der Gruppenarbeit. Die Selbsthilfebewegung wird damit zu einem unverzichtbaren

Bestandteil. Ich selbst versuche, mich dort einzubringen; diese Bemühungen sind gewissermaßen zu meiner Arbeit geworden.

Ich habe mich gefreut, auf unserem Berliner Kongress über das Stimmenhören so viele bekannte und bisher unbekannte Stimmen hörende Menschen kennen gelernt zu haben. Natürlich war der Kongress und seine Vorbereitung auch anstrengend und nach diesem Ereignis hatte ich mit einer heftigen Krise zu kämpfen. Die Stimmen griffen nach vier Jahren Ruhe wieder kompakt an; jedoch haben sie diesmal sehr viel Konstruktives gesagt, das mich in meiner Entwicklung sicher nach vorn gebracht hat. Deshalb bin ich erleichtert festzustellen, dass alle Aussagen aus diesem Buch sich immer noch decken mit meinen Erfahrungen.

Etwas anderes bereitet mir aber zunehmend Sorge, und das ist die Behandlung von uns Stimmenhörenden in den psychiatrischen Kliniken.

Gute Freunde waren natürlich erschrocken über meine heftigen Reaktionen und haben mir vorsorglich einen Platz in der zuständigen Nervenklinik organisiert. Dort wurde ich sofort mit Psychopharmaka zugeschüttet, so dass ich weder richtig denken konnte, große Unruhe und Müdigkeit verspürte und Probleme mit verschiedenen Muskelgruppen bekam. Nach einer gewissen Zeit verlangte ich, dass die hohe Dosis von einem Neuroleptikum auf ein Normalmaß reduziert werden solle. Als ich das Beispiel nannte, mit dem mich mein Psychiater sonst immer behandelt, war die Reaktion schlichtes Gelächter. Ich kann es nur als unangemessene Arroganz bezeichnen, wie die Ärzte in der Klinik auf ihrer einmal festgelegten Dosierung beharrten, wobei ich zu hören bekam, dass sie schon »verantwortungsbewusst reduziert« hätten.

Mein mich behandelnder Psychiater geht von der Prämisse aus, dass jedem Menschen das Recht zusteht, so gleichberechtigt wie möglich am gesellschaftlichen Leben teilzunehmen, ohne besondere Berücksichtigung der Behinderung. Aus diesem Grunde verordnet er bei mir zum Beispiel nur eine Mindestmenge an Psychopharmaka. Dazu sagte er einmal: »Lass dem Mann seine Freude, lass ihn nach seinen Fähigkeiten im Netzwerk mitarbeiten, lass ihm den Spaß am Leben.« So stelle ich mir den verantwortungsbewussten Umgang mit uns Stimmen hörenden Menschen vor.

Ich wünschte, dass so mutige Psychiater wie er die Möglichkeit erhalten, führend in den Auseinandersetzungen um eine angemessene Behandlung zu werden und sich schließlich durchzusetzen.

Nachdem sich die Klinikärzte zwischen Weihnachten und Silvester 2001 gar nicht um uns Patienten kümmerten, habe ich mich kurzerhand auf eigene Verantwortung entlassen lassen. Dies war den Ärzten nun wiederum gar nicht recht, weil das die Bettenauslastung reduzierte. Ich finde es traurig, wenn das System der Krankenversorgung / Krankenversicherung uns Patienten auf die »andere Seite der Barrikade« treibt. Das Maß des gerade noch Erträglichen machte die Vertretungsärztin voll, die mir zum Abschied mit auf den Weg gab, dass ich mich in diesem Krankenhaus nicht mehr blicken lassen solle. Beim gegenwärtigen Gesundheitssystem würde das bedeuten, dass mir der Zutritt zu einer Nervenklinik zukünftig versagt bleiben müsste.

## Was ich mir von der Psychiatrie wünsche

Für mich ist es schwer, umfassendere Aussagen zur Psychiatrie zu treffen, denn ich bin mit ihr lediglich als Patient, Klient und in meiner Arbeit im Netzwerk Stimmenhören verbunden. Jedoch weiß ich, dass sich seit Freud und Jung bedeutende Umwälzungen vollzogen haben. Zur klassischen Psychiatrie in ihren Krankenhausmauern haben sich verschiedene Richtungen, zum Beispiel auch die Sozialpsychiatrie, etabliert. Gleichermaßen ist die psychotherapeutische Behandlung nach längeren Geburtswehen in die psychiatrische Praxis einbezogen worden, mitunter heute vereinzelt schon gleichberechtigt. Formen wie die ambulante Betreuung und das »Betreute Wohnen« zum Beispiel stehen für eine schrittweise Re-Integration in die Gesellschaft, und dieser Trend wird wohl anhalten. Schließlich melden Verbände und Selbsthilfebewegungen seit geraumer Zeit auch ein Mitspracherecht bei der Gestaltung der psychiatrischen Versorgung an. Ich weiß das vom Netzwerk Stimmenhören, aber auch von Betroffenen- und Angehörigenverbänden.

Aus unserer Arbeit wissen wir, dass großartige Projekte, wie die Enthospitalisierung, die Soteria-Bewegung und anderes, gute Bedingungen für uns Patienten und Klienten schaffen können. Wir erkennen aber auch gleichzeitig, dass in umgekehrter Richtung ebenfalls Kräfte am Werk sind, Errungenschaften wie zum Beispiel Tageskliniken einzuengen und zurückzudrängen. Nicht nur Animositäten, sondern auch Stellenplanungen, Bettenbelegungspläne und Geldflüsse lassen die Wellen hochschlagen. So hoch, dass wir Patienten manchmal gar nicht mehr glauben können, wir seien Kunden dieser Einrichtungen, sondern nur noch bewegliche menschliche Masse, in Cent und Euro ausgedrückt. Die Chipkarte scheint oftmals das Wichtigste an uns zu sein. Ganz im Ernst habe ich große Angst vor der Entwicklung, die den Eid des Hippokrates in der Praxis wertlos werden lässt. Wir sollten alle das humanistische Erbe und Element wieder in den Vordergrund rücken. Das wäre wohl eine der wichtigsten Forderungen, die ich dazu anzubringen habe.

Aufgefallen ist mir, dass viel zu wenig innovatives Potential, besonders in der so genannten Medikamentenpsychiatrie, freigesetzt wird. Ja, man kann sogar den Eindruck gewinnen, einige der Ärzte, Schwestern und Pfleger müssten sich an besonders rückständige Arbeitsmethoden halten. Ich wünschte mir, dass möglichst viele Psychiatriemitarbeiterinnen und -mitarbeiter nach ihrem Erkenntnisstand und besonders nach ihren Überzeugungen arbeiten dürften. Dabei will ich nicht der Anarchie das Wort reden, sondern eher einen guten kollektiven Geist befürworten. Gerade die patientenfreundliche Atmosphäre lässt auch einen dementprechenden Umgang zu – davon bin ich fest überzeugt.

Ein großes Problem sehe ich in der fast regelhaften, faktischen Entmündigung von Patientinnen und Patienten. Sie werden über längere Zeiträume mit Psychopharmaka so vollgeschüttet, dass sie zusätzlich noch alle verbliebenen Bezüge zur Realität verlieren. Unabhängig von den Nebenwirkungen sehe ich darin auch ein verfassungsrechtliches Problem. Unser Grundgesetz gesteht jedem Bürger uneingeschränkte Teilhabe am gesellschaftlichen Leben – trotz etwaiger Behinderungen – zu. Diese Gesetzesverletzung wird jedoch meist billigend in Kauf genommen. Natürlich ist die Gabe von Psychopharmaka immer problematisch, wird aber in vielen Fällen nach dem Grundsatz »So viel wie möglich!« verabreicht. Richtlinien und Interessen der Pharmaindustrie stehen manchmal wohl höher als Gesetzesforderungen und ärztliche Sorgfaltspflicht. Auch das bereitet mir – und ich weiß das auch von anderen – große Sorgen. Oftmals wird nicht einmal der Versuch unternommen – wie es auch mir passierte – zum Grundsatz »Medikamente – nicht mehr als nötig!« überzugehen. Ich selbst plädiere nicht für eine generelle Pharmakaabstinenz, sondern akzeptiere alle Maßnahmen, die zur Erhaltung und Wiederherstellung der Gesundheit beitragen. Selbst heute erhalte ich noch eine Dauermedikation von Neuroleptika. Allerdings hat sich die Menge auf ein Sechstel bis ein Achtel der Dosis, gemessen an den Akutphasen, verringert. Damit kann ich leben.

Psychiatrische Einrichtungen, besonders Nervenkliniken, sollten vorwiegend Rückzugs- und Ruheraum für Stimmen hörende Menschen sein. Hier können sie sich ausruhen und neue Kraft, neuen Lebensmut schöpfen. Leider müssen sie oft erleben, dass sie eher entmündigt werden.

Ich glaube, wir alle, die etwas mit der Psychiatrie zu tun haben, sollten einen wichtigen Grundsatz berücksichtigen: Nicht die Aktion, das Funktionieren, der Hormonspiegel und Ähnliches sind die wichtigsten Dinge im Heilungsgeschehen, sondern die Stärkung psychischer wie physischer Selbstheilungskräfte.

Das Reagieren auf Symptome mag wohl wichtig sein, aber wichtiger scheint mir die Suche nach den Wurzeln der Erkrankungen. Hier dürften wir als Selbsthilfeorganisation auch wichtige Funktionen haben, denn der Austausch Betroffener untereinander, die Suche nach neuen Wegen bei der Bewältigung problematischer Phasen durch Betroffene, Angehörige und in der Psychiatrie Tätige – sogar die eventuell gemeinsame Sinnsuche von »Unverständlichem« – kann enorm zur Stärkung besagter Selbstheilungskräfte beitragen.

Kontraproduktiv – diesen Eindruck hatte ich oft – sind Maßnahmen und Verhalten von Betreuerinnen und Betreuern, die das Abhängigkeitsverhältnis aufrechterhalten und betonieren. Das betrifft die Betreuungspraxis insgesamt als auch das bloße Behandeln von Symptomen. Wir mussten beispielsweise Stimmen hörende Menschen erleben, die nach jahrelanger Betreuung sich nicht mehr getraut haben, das Haus alleine zu verlassen. Hilfeangebote werden hier offenbar gründlich falsch verstanden. Es gilt, jeden Betroffenen ernst zu nehmen, und das ist das Gegenteil von Abhängigmachen. Über diesen weit verbreiteten Umstand bin ich besonders erzürnt.

Aber auch andere Dinge ärgern mich ungemein. Auf dem Pharmasektor werden ungeheure Mengen an Forschungsgeldern eingesetzt. Wo bleiben aber Forschungen mit gesellschaftspolitischer Relevanz? In der heutigen Zeit müssten doch Fragestellungen wie die folgenden einen regelrechten Forschungsboom auslösen:

- Welche gesellschaftlichen Faktoren bringen psychische Leiden hervor und wie kann man die Risiken minimieren?
- Welchen Beitrag kann die Psychologie liefern, durch therapeutische Maßnahmen die psychiatrische Betreuung zu ergänzen?

Ich glaube, bestimmende Interessen sind anders gelagert als die unseren.

Während die landläufige Psychiatrie das Stimmenhören als Symptom ersten oder zweiten Grades für die Diagnose Schizophrenie ansieht, also auf jeden Fall pathologisiert, bevorzugen wir vom Netzwerk Stimmenhören grundsätzlich die Ansicht, dass Stimmenhören nicht Symptom einer Krankheit sein muss. Das ist unsere Kernbotschaft. Erst, wenn sich andere Krankheitssymptome »auflagern«, wie Psychosen, Verfolgungswahn, Depressionen, sprechen wir von einer Krankheit.

So unterschiedlich wie die Herangehensweise, so unterscheiden wir uns auch in der Methodik. Biologistische Psychiatrie zum Beispiel versucht mit Medikamenten die Stimmen abzutöten. Wann, so frage ich mich, hat man in der Geschichte letztmalig einen Boten erschlagen, der schlechte Nachrichten zu vermelden hatte? Zeigt dieses nicht auch das Archaische, mit dem versucht wird, an den Symptomen »herumzudoktern«?

Ich glaube, dass das eigentliche Problem nicht so sehr in den Stimmen selbst liegt, sondern eher in der Unfähigkeit, konstruktiv mit ihnen umzugehen. »Den Stimmen einen Sinn geben« sollte nach meiner, auch in diesem Buch geschilderten Überzeugung die Marschroute sein. Diese Erkenntnisse sind von Prof. Marius Romme in wissenschaftlichen Studien herausgearbeitet worden. Meines Erachtens sollten noch wesentlich mehr Forschungsprojekte in diese Richtung gehen.

Und ich möchte ein paar Worte an Psychologen und Psychotherapeuten richten. Aus eigenem Erleben konnte ich berichten, dass Gesundungs- und Genesungsprozesse zu einem Großteil auf die Arbeit mit der Psyche zurückzuführen sind. Suchen Sie immer wieder nach Wegen, wie Ihre Klienten an den Wurzeln eigener Probleme persönlich etwas ändern können. Sie, die Klienten, können das nur aus sich selbst heraus schaffen. Die Psychotherapeuten sollten also gute, ständig nach Wahrheit suchende Begleiter der ihnen anvertrauten Menschen sein. Sie selbst finden meine persönliche Hochachtung.

Auf jeden Fall möchte ich abschließend noch zu den Stimmen hörenden Menschen direkt sprechen.

Es kann sein, dass der Psychiater zur richtigen Zeitpunkt die richtige Pille verschreibt. Es kann sein, dass der Sozialarbeiter zum richtigen Zeitpunkt die richtige Entscheidung trifft. Es kann sein, dass der Psychotherapeut zum richtigen Zeitpunkt den richtigen Satz sagt. Das alles ist unbenommen. Ich würde Ihnen vorschlagen, auf alle Fälle kritisch, aber auch vertrauensvoll mit den Fachleuten aus Psychiatrie und Psychologie zusammenzuarbeiten.

Aber eines verlernen Sie bitte nicht: Nehmen Sie Ihr Schicksal selbst in die Hand! Damit werden Sie stets den Schlüssel zur bestmöglichen Gesundung in Ihrem Herzen tragen. Und Ihr Herz wird es Ihnen in jeder Beziehung danken.

**Brückenschlag**

Zeitschrift für Sozialpsychiatrie, Literatur, Kunst

Band 21

# *Stimmen Welten*

Wären Moses und Hildegard von Bingen heute in einer psychiatrischen Klinik?
Die lange Liste der Stimmen hörenden Menschen zieht sich durch die Jahrhunderte.
Stimmenhören kann, muss aber nicht krankhaft sein. Viele Menschen hören Stimmen, haben aber nie eine Psychose erlebt.
Manche hören gute Stimmen und nutzen diese zur spirituellen Erweiterung. Andere hören sehr böse Stimmen und landen letztlich in der Psychiatrie. Der »Brückenschlag 21« versucht, das Spektrum der Stimmenwelten auszuloten und herauszufinden, welchen Sinn sie für die Betroffenen haben könnten.

Er versammelt Essays, Geschichten, Berichte, Gedichte und Bilder von Stimmenhörenden selbst und von Nicht-Stimmenhörenden, die sich dem Phänomen aus der Außensicht nähern.

ISBN 978-3-926200-63-1, 224 Seiten, 15,- Euro
Paranus Verlag · Postfach 1264 · 24502 Neumünster
Telefon (0 43 21) 20 04-500 · Telefax (0 43 21) 20 04-411
www.paranus.de · verlag@paranus.de

Hartwig Hansen (Hg.)

# *Der Sinn meiner Psychose*

Zwanzig Frauen und Männer berichten

Lange galten die Schizophrenie bzw. Psychosen als in sich sinnlose, unheilbare Gehirnkrankheiten, denen ausschließlich mit Medikamenten begegnen werden kann. Mittlerweile steht dieser überholten, noch immer weit verbreiteten Doktrin das Erfahrungswissen zahlreicher Betroffener gegenüber, die in ihren Psychosen einen Sinn gefunden haben.
Sie sagen: Erst als ich offen wurde, um auf die Suche nach der für mich stimmigen »Botschaft« meiner Erkrankung zu gehen, konnte ich die mal ängstigendenverstörenden, mal inspiriert-euphorischen Erlebnisse in mein Leben integrieren.
In diesem Buch berichten zwanzig Frauen und Männer, wie sie dem Sinn ihrer Psychose auf die Spur gekommen sind und warum sie ihre besonderen Erfahrungen als Bereicherung erleben.

Paranus verlag

ISBN 978-3-940636-24-9, 200 Seiten, 19,95 Euro
Paranus Verlag · Postfach 1264 · 24502 Neumünster
Telefon (0 43 21) 20 04-500 · Telefax (0 43 21) 20 04-411
www.paranus.de · verlag@paranus.de